1ª edição | março de 1999 | 4 reimpressões | 26.000 exemplares
2ª edição revista e ampliada | junho de 2013 | 5.000 exemplares
7ª reimpressão | julho de 2013 | 3.000 exemplares
8ª reimpressão | maio de 2017 | 1.500 exemplares
9ª reimpressão | maio de 2024 | 3.000 exemplares
Copyright © 2013 Casa dos Espíritos

CASA DOS ESPÍRITOS EDITORA
Av. Álvares Cabral, 982, sala 1101 | Lourdes
Belo Horizonte | MG | 30170-002 | Brasil
Tel.: +55 (31) 3304-8300
editora@casadosespiritos.com.br
www.casadosespiritos.com.br

EDIÇÃO, PREPARAÇÃO E NOTAS
Leonardo Möller

CAPA, PROJETO GRÁFICO, DIAGRAMAÇÃO,
SELEÇÃO E TRATAMENTO DE IMAGENS
Andrei Polessi | Audaz

REVISÃO
Laura Martins

IMAGENS
Shutterstock, Inc.

IMPRESSÃO E ACABAMENTO
PlenaPrint

Robson Pinheiro
Serenidade

PELO ESPÍRITO
ALEX ZARTHÚ

Dados Internacionais de Catalogação na Publicação (CIP)
(Câmara Brasileira do Livro, SP, Brasil)

Zarthú, Alex (Espírito).
Serenidade: uma terapia para a alma / pelo espírito Alex Zarthú;
[psicografado por] Robson Pinheiro. – 6. ed. – Contagem, MG :
Casa dos Espíritos Editora, 2013.

ISBN 978-85-99818-27-5

1. Autoconhecimento – Teoria 2. Espiritismo
3. Psicografia 4. Terapia espiritual I. Pinheiro, Robson. II. Título.

13-06671 CDD-133.901

Índices para catálogo sistemático:
1. Autoconhecimento : Ensinamento espírita 133.901

OS DIREITOS AUTORAIS DESTA OBRA foram cedidos gratuitamente pelo médium Robson Pinheiro à Casa dos Espíritos Editora, que é parceira da Sociedade Espírita Everilda Batista, instituição de ação social e promoção humana, sem fins lucrativos.

COMPRE EM VEZ DE COPIAR. Cada real que você dá por um livro espírita viabiliza as obras sociais e a divulgação da doutrina, às quais são destinados os direitos autorais; possibilita mais qualidade na publicação de outras obras sobre o assunto; e paga aos livreiros por estocar e levar até você livros para seu crescimento cultural e espiritual. Além disso, contribui para a geração de empregos, impostos e, consequentemente, bem-estar social. Por outro lado, cada real que você dá pela fotocópia ou cópia eletrônica não autorizada de um livro financia um crime e ajuda a matar a produção intelectual.

Nesta obra respeitou-se o Acordo Ortográfico da Língua Portuguesa (1990), ratificado em 2008.

A Francisco Cândido Xavier,
que nos tem incentivado, com seus exemplos,
na caminhada do bem, e a Marcos Leão,
que tem acompanhado meu trabalho desde 1988.
Minha gratidão a esses amigos de tantas horas difíceis e alegres.

Sumário

Alex Zarthú, o Indiano, xiii
por Robson Pinheiro

Irmão da mediunidade, xvi
por Carlos Baccelli

Alex Zarthú, o Indiano, xxvi
por Leonardo Möller EDITOR

Prefácio, xxxvi
pelo espírito Alex Zarthú

1 O poder da prece, 39
2 A morte da consciência, 42
3 Lutas, 47
4 Vocação, 49
5 Experiência, 51
6 Novas sementeiras, 55
7 A verdade, 57
8 Conquistas, 59
9 Flexibilidade e firmeza, 63
10 O sentido do belo e do bem, 65

11 Aparências, 67

12 Otimismo, 71

13 Libertar-se e liberar-se, 74

14 Crer para ver, 77

15 Méritos e deméritos, 81

16 Maturidade espiritual, 85

17 Ação e reação, 88

18 Filhos de Deus, 91

19 Realizações, 95

20 Espelho vivo, 97

21 Moléstias incuráveis, 101

22 O valor das pequenas coisas, 105

23 Inimigos íntimos, 108

24 Disciplina, 110

25 A força do verbo, 115

26 Discipulado, 118

27 Renovação interior, 121

28 Morte e vida, 125

29 A inveja, 127

30 A caminho do reequilíbrio, 131

31 Consciência, 134

32 Luz da vida, 136

33 Amando-se, 141

34 Preocupações, 143

35 Fraternidade, 147

36 Chamado ao trabalho, 149

37 Rejeição, 151

38 Seguindo adiante, 155

39 O outro caminho, 157

40 Saciedade e conflitos, 159

41 Ver e ouvir, 163

42 Felicidade, 165

43 Nossa parte, 169

Referências bibliográficas, 172

Alex Zarthú, o Indiano
por Robson Pinheiro

CONHECI O ESPÍRITO ZARTHÚ ainda na infância, quando ele se apresentava a minha vidência como um homem alto, moreno, de olhos negros, com um turbante emoldurando a cabeça. Naquela época eu não imaginava qual seria o objetivo de sua presença junto a mim. De formação evangélica, procurava orar muito a fim de evitar a aparição que julgava inoportuna, pois não fazia parte de minhas crenças.

Mais tarde, aos 17 ou 18 anos de idade, o iluminado espírito apareceu-me dentro da igreja evangélica, quando eu ia fazer uma pregação. Pela primeira vez dirigia a palavra a mim. Disse-me que meu estágio naquela religião havia terminado e que eu deveria estudar os livros de um estranho senhor — para mim, na época — chamado Allan Kardec.

Pediu-me que refletisse muito sobre a seriedade da proposta de trabalho na mediunidade e indicou-me os livros da codificação espírita, para que eu os estudasse.

Quando a visão da entidade se diluiu ante minhas faculdades incipientes, enfrentei a incompreensão dos irmãos de fé religiosa. Durante todo o tempo em que dialogava com Zarthú, estivera em transe, desdobrado. Na época, não sabia direito o que me ocorria. O espírito aproveitara o transe para dar a sua mensagem àquele agrupamento religioso, através da psicofonia. Fui, então, expulso da igreja.

Desde aquele tempo, o espírito Alex Zarthú tem me orientado, juntamente com outros companheiros espirituais, que nunca nos abandonam. Às vezes ele se manifesta à minha visão espiritual como um árabe, e já tive algumas notícias de outras encarnações da elevada entidade na Inglaterra, na França e no Tibete. Tem demonstrado grande conhecimento das questões relativas à psicologia, à religião e à história das civilizações.

Ficam aqui o nosso profundo respeito e a nossa admiração pelo trabalho do amigo Alex Zarthú, o Indiano.

Irmão da mediunidade
por Carlos Baccelli

TEXTO PSICOGRAFADO pelo médium Carlos Baccelli, em reunião pública no Lar Espírita Pedro e Paulo, em Uberaba, MG, no dia 21 de novembro de 1998.

Irmão da mediunidade, 21-11-98
(Página dedicada ao companheiro de ideal, Robson, do Centro Espírita Everilda Batista, em Belo Horizonte, Minas.)

Irmão de mediunidade
Não te afastes do serviço
Em que segues com Jesus
Cumprindo o teu compromisso.

xix

Por mais espinhos na senda
Saiba que, por onde fores,
À margem dos teus caminhos
Também crescem lindas flores.

XX

Não te importe a zombaria
Que escutes ao teu redor
Quem foge ao campo de lutas
Encontra sempre o pior.

xxi

Mantém acesa em tua alma
Essa chama do ideal
Que te encoraja, no bem,
Na peleja contra o mal.

Arauto da Vida Eterna,
Não emudeças a voz
Que se alteia sobre o mundo,
Falando por todos nós.

Proclama a imortalidade,
Anuncia a Nova Era —
Sol que brilha no horizonte
À humanidade que espera.

Que Deus te abençoe e te guarde
Em teu esforço inaudito
De ser <u>ponte</u> para os homens
Ligando a Terra ao infinito.

Eurícledes Formiga [espírito]

Alex Zarthú, o Indiano[1]

por Leonardo Möller EDITOR

"NÃO SE ATENHA à minha história; nada fiz de significativo em prol da humanidade." Frases como essa é o que sempre ouvimos quando começamos a fazer perguntas demais e nos interessar pela vida e pelo passado do espírito que conhecemos sob o nome de Alex Zarthú, o Indiano. A tal ponto vai seu desejo de discrição que chegou a demover Ângelo Inácio, espírito que escreveu *Tambores de Angola* e diversos outros livros por intermédio de Robson Pinheiro, da ideia de produzir uma obra que relatasse histórias sobre ele, às quais Ângelo havia tido acesso, em particular aquelas envolvendo o atual médium e pupilo, desde quando os caminhos de ambos se cruzaram, séculos atrás. Quando havia dois capítulos já psicografados de seu *Iniciação solar*, Ângelo ouviu:

— Deixe isso pra lá. Minha história não tem nada

[1] Texto inédito. Nota à 6ª edição revista.

de especial; ninguém conhece meu nome, e nela não há feitos relevantes, que mereçam se transformar em livro.

Num raro episódio de questionamento da decisão dos orientadores espirituais de não levar adiante determinada obra, Robson contestou:

— Mas por quê, Zarthú?

— Pense da seguinte forma: as passagens ou palavras de uma mãe amorosa podem até ser muito boas, mas não significa que devam ser publicadas. Jamais fiz nada que marcasse a humanidade.

É assim que poucas notícias temos desse espírito, embora Robson possa se lembrar de sua figura desde a mais tenra idade, aparecendo pra ele ora ou outra, sempre em silêncio — ao menos até o fatídico dia na igreja evangélica. Desde esse momento, citado por Robson na apresentação deste livro e relatado em detalhes em suas memórias,[2] Zarthú tem sido responsável, lado a lado com o espírito Joseph Gleber, por orientar todo o trabalho que o médium desenvolve.

[2] "As vozes do silêncio". In: PINHEIRO, Robson. *Os espíritos em minha vida.* Contagem: Casa dos Espíritos, 2008. p. 186-198, cap. 5.

xxviii

Mas Zarthú permanece o mais discreto, calado e modesto possível — mesmo tão presente — ao longo das décadas de trabalho, que tiveram seu ponto de partida no longínquo 1979. E sempre recomendou ao pupilo que agisse da mesma forma. Quem conhece Zarthú sabe que é difícil deixar de levar em conta uma recomendação dada por ele.

— Não se atreva a mencionar o trabalho mediúnico que desenvolve. Você deverá integrar a equipe da casa espírita pouco a pouco, da mesma maneira que qualquer um faz, passando por todas as etapas necessárias, gradativamente.

Essa foi a instrução recebida por Robson no ano de 1985, recém-chegado à capital, vindo do interior de Minas Gerais — ele se criara no leste do estado, em Governador Valadares, e vinha de Ipatinga, onde trabalhara por alguns anos. O médium deveria procurar determinada casa espírita para dela participar, mas atento àquela recomendação.

— Não ouse chorar; se você também se emocionar, não haverá como administrar a comoção das pessoas — é a instrução que Robson ouve sempre que se acha a ponto de derramar lágrimas durante a leitura das cartas consoladoras, mensagens de familiares desencarnados que escrevem por seu intermédio em reuniões específicas para esse fim, invariavelmente coordenadas pelo espírito Zarthú.

Poucos meses antes do lançamento da edição original de *Serenidade: uma terapia para a alma*, em março de 1999, Robson estivera entre magoado e enraivecido após ver o próprio nome e o das instituições que dirigia merecer o repúdio público de uma das agremiações que pretendia congregar o movimento espírita em Belo Horizonte, a capital mineira. No jornal que editavam, escreveram uma espécie de excomunhão, como se fosse possível banir alguém do espiritismo ou desautorizar quem quer que fosse a praticar os ensinos de Allan Kardec como bem lhe aprouvesse. Robson queria responder, ir à desforra, usando o jornal que por nossa vez publicávamos, à época — o *Spiritus*. Novamente, o conselho sábio de Zarthú se fez ouvir:

— Responda com mais trabalho, meu filho. À crítica, infundada ou não, responda aumentando a qualidade do trabalho. Aprenda a silenciar suas angústias e xxx

trabalhe mais, e melhor.

Por mais contrariado que se sentisse na ocasião, foi o que Robson fez. Logo vieram as mensagens de apoio dos benfeitores, como o poema de Eurícledes Formiga, pela psicografia de Carlos Baccelli, reproduzido na abertura deste livro. Vieram também as palavras de Chico Xavier (1910-2002), que orientou e acompanhou com grande interesse a trajetória de Robson Pinheiro, bem como de todas as instituições fundadas por ele.

— Ah! Meu filho... Sempre vão falar mal de nós — afirmou a Robson o célebre médium de Uberaba. — Falam que você está roubando? Se parar de trabalhar, vão dizer que roubou o suficiente. Se criticarem o que está fazendo e, de repente, você decidir parar de trabalhar e trancar-se em casa, dirão que é preguiçoso. Então, prossigamos o trabalho, meu filho. Nosso compromisso é com os *espíritos*, não com os *espíritas*.

ENQUANTO NÃO HÁ uma obra com a história de Zarthú, se é que um dia haverá, existe um episódio, dos poucos lances que conhecemos, que sem dúvida vale a pena contar. Não só pela singeleza e sabedoria que revela, mas porque permite conhecer um pouco mais do temperamento e das características desse amigo que, sempre que pode, deixa outro espírito aparecer, tomar a frente, mesmo que inspire de perto as palavras daquele que, na dimensão extrafísica, canalizará seu pensamento.

Na Pérsia, assim como em diversas partes do mundo antigo, floresciam templos iniciáticos que marcaram a forma de lidar com o conhecimento espiritual à época e transmiti-lo. Aquele que conhecemos pelo nome de Zarthú — na verdade, não exatamente um nome próprio, mas um título iniciático que receberia a partir de então — foi apresentado a um colegiado de 10 iniciados. Deveria se submeter à prova de admissão naquele colégio ou templo, como ocorria com todos que se candidatassem à longa jornada de iniciação espiritual. Eram as chamadas Torres do Silêncio.

Assim, Zarthú foi submetido a uma série de três pequenos testes, que deveriam ser executados não apenas em completo silêncio, mas sem o uso de palavras.

No primeiro deles, foi-lhe pedido que apresentasse Deus. Os membros do colegiado indicaram uma imagem e, por meio de gestos, demandaram-lhe que explicasse o que era o divino. O jovem candidato então desenhou uma circunferência, em seguida o ponto central dela, e então vários outros pontos dentro do perímetro, a partir de cada um dos quais traçou retas, a começar do raio, repetindo-o várias vezes, preenchendo a circunferência até que ela se transformasse numa espécie de sol. Mais tarde, Zarthú diria que Deus é como um sol, cujo centro está em todos os lugares e o raio, em lugar algum.

No momento adiante, o líder do grupo de iniciados escreveu o número "10" numa lousa. Apontou para os outros 9 e para si e, em seguida, para o número que desenhara. No instante seguinte, indicou Zarthú e, então, acrescentou um zero à esquerda, como a dizer que ele nada somaria ao grupo, que já alcançara a plenitude. O jovem candidato, então, pediu licença para usar o giz e desenhou uma seta que partia da base do último zero escrito e ia até o espaço vazio à direita do número 10. Ele apagou o zero à esquerda e, sugerindo o movimento do algarismo por meio da seta, desenhou-o à direita, transformando a cifra original em 100. Mesmo sendo um

xxxiii

zero, Zarthú seria capaz de promover grande diferença.

O terceiro teste talvez seja o mais sugestivo. O líder dos iniciados apresenta um copo cheio até a borda, depositado sobre um pilar. Novamente, sugere por meio de gestos que o grupo dos 10 era o todo, que o colégio iniciático já estava completo e não havia espaço para o novo integrante. Para reforçar sua mensagem, derrama cuidadosamente uma gota de água sobre o copo que, totalmente cheio, faz derramar seu conteúdo, e uma gota d'água escorre pela lateral. O mestre então aponta para a gota e para Zarthú, deixando claro que ele representaria o excesso, sem lugar dentro do grupo. Zarthú então olha os arredores e vê uma roseira no belo jardim onde se encontravam. Ele caminha até a planta e retira uma pétala da flor, depositando-a sobre a água do copo em tensão superficial. Sobre a pétala que boiava, Zarthú faz pingar nova gota d'água, que então permanece abrigada na flor, sem provocar o derramamento de uma gota sequer do copo repleto até a borda, que representava o colegiado de anciãos.

Como seria de esperar, este e os demais episódios asseguraram a admissão do candidato ao templo das

Torres do Silêncio.

Em tempos de culto às celebridades, numa época em que ser famoso parece ser um fim em si mesmo, segundo afirmam muitos jovens e aspirantes às variadas profissões que envolvem exposição pública, torna-se ainda mais interessante a figura de Zarthú. Enquanto tantos procuram os holofotes, ele se afasta deles e desencoraja o destaque de qualquer aspecto de sua personalidade ou de sua existência. Sobre o exame da iniciação nas Torres do Silêncio, ele diz apenas:

— Era tudo como o costume da época; nada de incomum. Todos que pretendessem ingressar nos templos passavam por testes e provas muito semelhantes. Fui apenas mais um; nada de singular.

Se isso é humildade, não sei. Mas, sem dúvida, desperta-me fortemente o interesse em conhecê-lo melhor.

"Aqui filhos de Deus estudam, ensinam e aprendem ciências. Mentalize eficácia, respeito e disciplina. Este lugar é um templo da vida."

Alex Zarthú, o Indiano

Prefácio

pelo espírito Alex Zarthú

O MOMENTO É DE EMERGÊNCIA. Os valores internos ameaçam ruir frente aos problemas humanos. A angústia, a ansiedade e a depressão rondam as criaturas como se estas estivessem cercadas por um fosso intransponível. Apenas as soluções da psicologia ou as intervenções da psiquiatria não são suficientes para debelar os males do homem contemporâneo.

A rota traçada pelo mundo espiritual é de autotransformação. De pouco valem os métodos externos se o homem não interiorizar-se. É apresentada a proposta de realização da grande viagem interior, na superação das barreiras do medo e do preconceito e na plenificação como filhos de Deus.

Somente realizando a grande viagem da alma é que o ser se encontrará consigo mesmo e alcançará a felicidade. As palavras do Evangelho do Mestre encontram-se plenas de vida, e nelas o homem poderá haurir forças para encetar a sua caminhada em busca da autorrealização.

Procuremos beber na fonte inesgotável de todo o bem e copiar Jesus, o único modelo e guia de nossa humanidade.

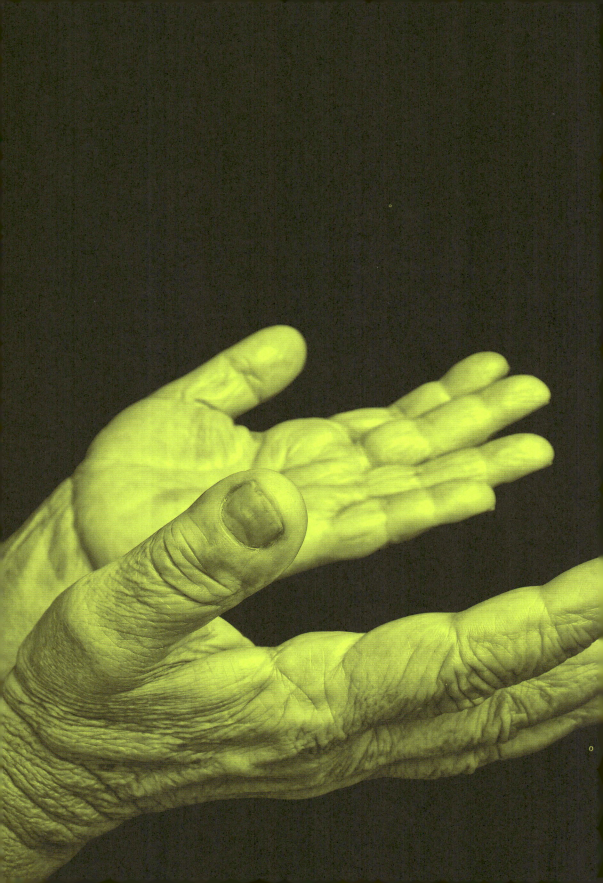

I
O poder da prece

"Orai sem cessar."
I Tessalonicenses 5:17[3]

NÃO SÓ AOS BRAÇOS foram conferidas as oportunidades de servir. Os ouvidos trabalham quando ouvem a história de uma vida. Os pés, quando caminham em direção ao bem, trabalham a serviço do Alto. A boca exerce atividade incessante, falando quanto possa, e o cérebro, a serviço da inteligência, descobre mil formas de colocar em prática as ideias.

Se nos faltam oportunidades de agir ostensivamente, nos é ampliada a capacidade de servir na intimidade da alma.

---

[3] Todas as citações bíblicas apresentam-se conforme a fonte a seguir (BÍBLIA de referência Thompson. São Paulo: Vida, 1995. Tradução Corrigida de João Ferreira de Almeida).

Dessa maneira, a prece que elevas de teu coração exalta-se por benefício de extrema excelência em favor de ti mesmo e do próximo.

O mundo da Terra é uma oficina onde podemos aprender a consertar inúmeras coisas através da ferramenta da boa vontade. Mas em nós mesmos encontraremos sempre com que começar, fazendo os pequenos reparos na aparelhagem da alma. A prece funciona como elemento lubrificador das fibras sensíveis do ser.

Não podemos desenvolver os frutos do espírito nas bênçãos da fé enquanto não asserenarmos a alma e aprendermos, no silêncio da prece, a simplicidade das coisas de Deus. Por toda parte, a riqueza de Deus está a serviço de seus filhos. A alma em prece se serve dos recursos divinos dispersos na natureza, canalizando tudo para o bem geral.

Não nos alonguemos demasiadamente em rogativas, pois a prece sincera deve ser o trabalho constante e o esforço para a melhora íntima. Deus está sempre conosco, e a verdadeira devoção não está nas orações proferidas a todo momento, mas na sintonia incessante com o eterno bem, no esforço por melhorar, procurando extirpar os vestígios de imperfeições que ainda restem na alma.

A natureza oferece-nos, em lições de simplicidade, o atestado perene da bondade de Deus. A existência da dor e as ideias de sofrimento, de sombras ou desolação, nunca as encontramos no firmamento, na natureza em festa ou no trinar dos pássaros esvoaçantes, simplesmente porque tais coisas se encontram dentro do próprio homem.

Através da prece, que se manifesta na dedicação ao trabalho construtivo, o homem sintoniza com Deus e prossegue nas estradas do mundo. Semeia estrelas e, no coração do próximo, planta esperança, com as sementes de felicidade que espalha.

2
A morte da consciência

"Mas, ó homem vão,
queres tu saber que a fé sem obras é morta?"
Tiago 2:20

ALGUÉM DISSE, CERTA VEZ, que a morte verdadeira é a da consciência que se encarcera na culpa.

O problema da morte ronda ainda o acampamento dos homens. Constitui um sério dever estudar e compreender a morte da consciência.

O corpo físico, composto de nervos e músculos, ossos e carne, tomba pelo transcorrer dos anos e transforma-se, em obediência à lei suprema. O ser, no entanto, prossegue sua marcha em outros domínios do universo, aprendendo sempre e muitas vezes retornando ao palco das lutas abençoadas da Terra, para representar novos dramas, romances ou escrever um novo roteiro de vida.

Contudo, a consciência culpada poderá encastelar-se nas sombras do remorso, gerando grandes dificuldades para si mesma. Também, quando se recusa a reconhecer a legitimidade dos valores sublimes, prossegue disfarçando-se sob o manto enganador das aparências, à semelhança do camaleão, que se disfarça em meio à folhagem dos bosques.

Ainda mais, quando o ser se recusa a conscientizar-se, conservando-se na ignorância para mascarar a criminosa fuga dos deveres, a consciência humana morre.

O contato com a dura realidade da experiência terrestre funciona como um choque anímico, a fim de acordar a divina voz interior.

Paralisada pela visão distorcida da realidade, a consciência é despertada através do sofrimento abençoado, que a faz reavaliar sua proposta de vida e sua postura ante a lei divina.

Essa morte, na verdade, constitui perigosa parada na experiência da vida íntima do ser, que se recusa a acordar para as suas responsabilidades.

Mas, após a morte, sempre há a ressurreição. Semeia-se corpo animal, diz o apóstolo, e ressuscita corpo espiritual.[4] A morte da consciência encontra o seu termo quando a dor bate à porta do túmulo interior e a desperta para a hora da colheita.

Na fuga de suas responsabilidades, o homem fecha-se para o relacionamento afetivo, para a sociedade e recusa-se a amar. O medo passa a dominá-lo. Medo de amar, medo de ser amado, medo de enfrentar-se, medo de relacionar-se. É a fuga da realidade. O homem fecha-se para o mundo e desenvolve em si o egoísmo e o egocentrismo, nublando a sua visão íntima.

O despertamento dessa situação, quando não é realizado de forma consciente, é auxiliado pelo sofrimento. À semelhança de choques elétricos de grande intensidade, acontece às vezes o despertar da consciência, e então, após experiências dolorosas, algumas desnecessárias, o ser aprende a amar e enfrenta as experiências do cotidiano com dignidade. Mas também enfrenta a hora da colheita, pois se agiu, certa vez, semeando, com certeza haverá de colher na hora certa, quando soar o momento na ampulheta do tempo.

[4] Cf. 1Co 15:44.

Encontra-se consigo mesmo e aprende a amar, amando-se. Assume, então, sua responsabilidade no mundo e passa a conviver melhor consigo mesmo, vencendo seus medos e preconceitos, derrubando as barreiras internas e desabrochando para a vida, qual flor de lótus que se desdobra em luz.

3
Lutas

"Combati o bom combate,
acabei a carreira, guardei a fé."
II *Timóteo 4:7*

A VIDA PODE SER um interessante estado de luta para o aperfeiçoamento, mas fazer guerra e violentar a si mesmo é desperdiçar as energias da alma.

Luta-se desde o momento da concepção, na corrida para a fecundação do óvulo. Desenvolve-se o novo ser entre as lutas da multiplicação celular e a formação da estrutura física. O homem nasce e luta ainda pela própria sobrevivência, que o obriga ao aperfeiçoamento íntimo e ao desenvolvimento intelectual. As lutas continuam, e, num determinado momento de maturidade, o campo de sua ação transfere-se para o interior do ser, que passa a desbravar novas fronteiras, novos caminhos dentro de si.

Mas estar em guerra não é o mesmo que lutar. Guerrear é tentar vencer com a miséria e o sofrimento dos vencidos. Nas lutas da vida, havendo necessidade de vencer, não há por que criar inimigos. Havendo a vitória, as experiências alheias não se transformam em derrota, mas continuam como lutas para a própria superação.

Guerrear é utilizar-se das armas da violência contra o inimigo. Lutar é combater sem armas de destruição. E se preciso for vencer, não é necessário pisar nos vencidos.

A grande lição da vida é nos ensinar a cantar sem desprezar os que choram e nos ensinar a voltar-nos para dentro de nós, orando por aqueles que não sintonizam conosco.

As lutas das quais somos chamados a participar requerem o desenvolvimento da sabedoria, a fim de que se descubra a vitória interior. A satisfação de haver conquistado a si mesmo é a coroa dos sábios.

4
Vocação

"Mas tu, sê sóbrio em tudo, sofre as aflições,
faze a obra de um evangelista, cumpre o teu ministério."
II *Timóteo 4:5*

A VOCAÇÃO É UM chamamento interior para a integração com a vida. O homem que segue o impulso da vida se eleva de modo mais rápido nas experiências que o enriquecem.

É preciso fazer silêncio interior para ouvir o chamado divino. Desenvolvendo a serenidade da alma, poder-se-á perceber o sussurro da vida que chama e aponta o caminho a seguir.

Não são necessários gurus nem mestres para indicar ao homem o seu caminho. Geralmente a procura de mestres ou guias reflete a fuga e a crença na própria incapacidade. Quando se entra para o templo interno e muitas vezes abandonado, ouve-se a voz inarticulada que chama para a vocação pessoal.

Os mistérios antigos das religiões iniciáticas ensinavam, através da simbologia, o caminho interior da realização espiritual. Para a descoberta da vocação é preciso crer, até que se possa ver e transcender o próprio silêncio, ouvindo a voz de Deus no templo do coração.

5
Experiências

"Fiz-me acaso vosso inimigo,
dizendo a verdade?"
Gálatas 4:16

A VIDA TRANSCORRE PARA TODOS, oferecendo as mesmas possibilidades aos filhos dos homens. Todos têm o mesmo ponto de partida, e depende de cada um o seu futuro, baseado em suas próprias escolhas e no seu esforço pessoal.

As transformações proporcionadas pela experiência no mundo levam ao aprimoramento intelectual e moral das criaturas. Os entrechoques da existência com as dificuldades naturais do cotidiano funcionam como buril interior, lapidando as arestas íntimas. Essa experiência, por proporcionar o desapego lento da matéria e a elevação moral do indivíduo, é dolorosa e incômoda. Entretanto, é necessário vivenciar essas oportunidades que a vida enseja, pois funcionam como poderoso instrumento para retirar o homem do comodismo e da letargia espiritual.

É preciso que, às vezes, algo ou alguma força externa venha abalar a estrutura do ser, a fim de despertá-lo para a necessidade de mudanças mais profundas. Incomodado pela ação de agentes externos que ameaçam sua aparente estabilidade, o homem resolve movimentar-se. O incômodo e a insatisfação poderão produzir atitudes que gerem progresso.

É importante compreender os mecanismos engendrados pela evolução, lei sábia que impulsiona tudo para a frente, que eleva as criaturas e aperfeiçoa seres e coisas. Quando o homem descobre o mecanismo funcional do processo evolutivo, não mais se vê como vítima da ação de forças ou das circunstâncias, pois, consciente, passa a coordenar sua própria escalada. Com o conhecimento de si mesmo, das leis da vida, que regulam o ritmo e a harmonia, o homem produz mais e expande-se para novas fronteiras do conhecimento e das realizações pessoais.

É preciso estudar mais para conhecer melhor e vi-

ver com a riqueza das experiências que a vida propor-
ciona. Não há como evitar os entrechoques da vida,
mas, conhecendo as leis que os regulam, é possível viver com mais intensidade para superar os limites e tor-
nar-se pleno como filho do universo.

6
Novas sementeiras

"E falou-lhe de muitas coisas por parábolas, dizendo:
Eis que o semeador saiu a semear."
Mateus 13:3

O SER EXISTENCIAL É, antes de tudo, um espírito eterno, viajor das experiências em carruagem física, as quais se diferenciam entre si, de acordo com a necessidade. O homem é o construtor de seu próprio destino, de seu sucesso ou fracasso, através da atitude ético-moral que adota.

Não obstante o progresso do homem terrestre na ciência, nas artes e nas demais áreas do conhecimento, sua felicidade depende unicamente de si mesmo.

Com a descoberta do ser transpessoal, o homem se vê como viajante do cosmos. Novas sementeiras se apresentam ao ser como possibilidades de crescimento. As contribuições da psicologia, da psicanálise e das modernas descobertas no campo do psiquismo são um incentivo para a humanidade terrestre; abrem novos horizontes para o futuro do ser.

O ser humano passa toda a vida lutando para resolver problemas que são criados pela sua fantasia. É o maia, a grande ilusão a que se entrega. É urgente que se conscientize dos progressos realizados no mundo e acorde para essa realidade.

A marcha ascensional da humanidade é lenta, mas certa. Caminhamos todos para o sentido de universalização. Não mais dogmas, nem rótulos religiosos, mas uma definição de valores transpessoais. Tudo caminha para o bem, e os avanços do ser são cada vez mais expressivos.

Portanto, torna-se imprescindível que o homem se liberte e se libere de seus comportamentos castradores da personalidade. É preciso trabalhar o ego a fim de que ele não obstrua o Eu.

Nova oportunidade está sendo dada aos homens da Terra. É tempo de semear vida, esperança e fé.

7
A verdade

"Deus é Espírito, e importa que os que o adoram,
o adorem em espírito e em verdade."
João 4:24

A VERDADE É A EXPRESSÃO do próprio Deus. Nenhum ser humano ou nenhuma organização religiosa possui ou compreende toda a verdade. Os conceitos a respeito da verdade, do belo e do bem são por demais abstratos e não são propriedade exclusiva dos homens.

As lutas e dissensões, que, ao longo do tempo, têm destruído as melhores aquisições da humanidade, devem-se à visão distorcida da verdade.

Quando foi perguntado ao Mestre o que era a verdade, ele calou-se.[5] Sabia que o homem terrestre não tinha ainda a condição de entender o que ele próprio

[5] Cf. Jo 18:38.

entendia a respeito do assunto.

A verdade é como a luz do sol, que cada um percebe à sua maneira e em intensidade variada. Cada um tem a sua parcela da verdade, que por si mesma transcende os conceitos e opiniões dos homens terrenos.

8
Conquistas

"Quem achar a sua vida perdê-la-á;
e quem perder a sua vida, por amor de mim, achá-la-á."
Mateus 10:39

É NATURAL QUE O HOMEM tenha pendores para as coisas da matéria. Até certo ponto, é compreensível o desejo de progredir, a busca de recursos materiais e a satisfação que encontra na realização pessoal.

Entretanto, o homem não é só matéria, embora esteja temporariamente ligado ao pesado mundo das formas e aparências. Sua busca por satisfação é muitas vezes apenas material e limita-se à visão ilusória do mundo.

Como tudo que se vê no mundo material não tem a realidade que os sentidos percebem, sua frenética busca torna-se apenas um gasto de energia desnecessário. Encontra-se o ser em ligação temporária com a forma, a matéria densa e os aspectos decorrentes dessa situação. Mas é transitória e passageira essa realidade. Só se possui aquilo que se conquista. E as conquistas verdadeiras e permanentes são aquelas do espírito.

Toda vez que o objetivo da vida é concentrado nas questões materiais, perde-se de vista a realidade espiritual. Quando as questões espirituais são enfocadas tentando-se fugir das relações pessoais que a experiência no mundo oferece, cai-se no misticismo.

O ponto de equilíbrio deve ser procurado. O homem precisa crescer, progredir e contribuir para o progresso do mundo. Mas que esse impulso para o progresso não o distancie da vida espiritual. Os valores íntimos, a vida moral e as conquistas espirituais devem perfumar a existência no mundo das formas.

Lembre-se, portanto, o homem de que é filho das estrelas e, embora conserve os pés temporariamente nas ruas da Terra, poderá alçar voos inimagináveis.

9
Flexibilidade e firmeza

"E os fariseus lhe disseram:
Vês? Por que fazem no sábado o que não é lícito?"
Marcos 2:24

MUITOS CONFUNDEM FIRMEZA com rigidez e flexibilidade com fraqueza. O rígido não admite que o contrariem, e o inseguro nunca tem certeza de nada, pois quer agradar todos. São surdos espirituais, que perdem a chance de ouvir sugestões alheias e não se afirmam na vida.

A velocidade com que as coisas acontecem na atualidade exige, muitas vezes, decisões urgentes ou inadiáveis. É preciso fazer o que tem de ser feito, sem vacilar. A firmeza e a flexibilidade completam-se, como fatores importantes do comportamento humano.

É preciso saber o que fazer, como fazer e onde fazer, mas também é importante ouvir, discernir e avaliar as opiniões alheias.

O equilíbrio é necessário para a caminhada do homem. Todos os esforços que caracterizaram os vencedores de si mesmo foram coroados com a firmeza e a flexibilidade, na conquista pessoal.

A rigidez pode vestir o homem de uma aparência sem o modificar por dentro, nem conceder-lhe a felicidade. Não raro, ao conseguir impor-se, depara-se com o vazio existencial. Esses seres são protótipos de sucesso pessoal e de frustração consigo mesmos e com a própria vida.

É imprescindível que essa castração mental seja expurgada do interior. É urgente que o ser se libere dessa rigidez que produz agonia. A firmeza nas mínimas realizações auxilia a capacidade de prosseguir, conquistando novos rumos. A liberação dessas amarras do comportamento capacita o homem para o porvir do sucesso pessoal.

10
O sentido do belo e do bem

"Aquele que não ama não conhece a Deus"
I João 4:8

A ANGÚSTIA É UM PROCESSO de negação do sentimento, uma inversão de valores da alma, um esforço para eliminar o sentimento de dentro do ser.

Sentir é o mesmo que amar, pois que o sentimento é amor. O ódio, a ira, a inveja, o ciúme são a negação do amor. Também a tristeza e a melancolia são uma rejeição à alegria, verdadeira natureza do ser. São máscaras que tentam encobrir a felicidade.

Todo sofrimento humano, as neuroses e psicoses consistem em querer construir o que não existe, tornando realidade a fantasia, ou em querer aquilo que é irreal. Nesse estado lastimável, o indivíduo tenta negar as coisas boas, tornando-as dolorosas e difíceis.

A cessação do sofrimento se dará quando for aceita a verdade, o bem e o belo. É preciso despertar o sentimento da beleza, as noções da verdade e do bem, única maneira de varrer o estado de angústia de dentro do homem. No desespero existencial, o ser não encontrará a felicidade. No despertamento da consciência do bem e do belo, o homem retorna às origens, resgatando a simplicidade que o fará feliz.

O processo de angústia revela o grau de escravidão em que o homem vive. Portanto, libertar-se da angústia é alcançar a liberdade íntima, sem manter-se preso às opiniões, pretensões e ideias ultrapassadas.

A felicidade é real, e é possível construí-la, começando aqui e agora.

II
Aparências

"E suscitou-se entre eles uma discussão
sobre qual deles seria o maior."
Lucas 9:46

A IMPORTÂNCIA QUE OS HOMENS dão às aparências perde o seu valor diante da realidade íntima. A visão desenvolvida pelo ser humano a respeito de si mesmo é relativa e não reflete a realidade. Engana-se, muitas vezes, com o jogo ilusório das aparências. As aquisições pessoais que elevam ou promovem o orgulho são questionáveis em si mesmas.

Com uma análise mais profunda a respeito de seu próprio potencial, de suas conquistas morais ou intelectuais e de sua posição ante a própria vida, o homem verá quão falazes são seus conceitos e suas pretensões.

Maior ou menor, o mais ou o menos importante são apenas conceitos ou opiniões, que se desfazem diante de uma análise mais profunda da própria personalidade. Tudo é importante. Todos têm o seu papel na organização.

Convém lembrar que, por processo de sintonia, todos que se encontram compromissados com a evolução no planeta Terra são mais ou menos semelhantes. Raríssimas exceções nós encontramos na oficina terrestre. E essas exceções são as almas já evolvidas, que ensinam a todos o caminho da humildade e da simplicidade.

12
Otimismo

"Todavia ninguém falava dele abertamente,
por medo dos judeus."
João 7:13

As experiências da vida têm como objetivo o aperfeiçoamento do espírito. Expandir a consciência é o fim para o qual converge toda a vida, em suas várias formas de manifestação.

Para viver de maneira altruística, de forma a extrair a lição que a vida nos dá através das experimentações, é preciso ser corajoso. Ante os embates que se enfrentam na vida social e as dificuldades íntimas, é preciso coragem.

A força capaz de impulsionar o progresso está dentro de cada um dos filhos de Deus. Recuar ante a grandeza da vida é covardia. Recusar-se a testemunhar o bem maior é atentar contra si mesmo.

O homem é levado pelo caudal das experiências rumo a um futuro cada vez mais brilhante. É chamado a contribuir e construir um mundo melhor. Isso começa naturalmente dentro de si mesmo, através de sua postura íntima. Ter medo de enfrentar as situações e as provas naturais da existência só adia a luta pela expansão do Si e acumula trabalho para o futuro.

Há necessidade de se enfrentar. Assumir a postura íntegra e digna perante si mesmo. A vida pede respostas. Os obstáculos são colocados no percurso de um atleta a fim de que ele os supere.

Assumir uma situação interior de dignidade é ter coragem de vencer os obstáculos e alcançar a vitória sobre as próprias limitações. O medo retrai as energias da alma, impedindo o ser humano de progredir. Pulverizar otimismo nas experiências diárias é um convite que é feito a todo momento.

Não importa a natureza do problema tampouco a espécie de dificuldade. Ninguém é incapaz de realizações superiores.

Todos têm em si mesmos os recursos necessários para vencer. Somente tenhamos cuidado para que, a pretexto de sermos vencedores, não magoemos ou firamos aqueles que se consideram vencidos. Havendo a necessidade de subir ou crescer, saibamos respeitar os que sintonizam com aquilo que chamamos de retaguarda. Todos têm imenso caminho a percorrer, e as possibilidades de vitória ou de derrota estão dentro de cada um.

Tenhamos a coragem de assumir a vitória na vida.

13
Libertar-se e liberar-se

"Ora, o aguilhão da morte é o pecado,
e a força do pecado é a lei."
I Coríntios 15:56

ANSIANDO POR LIBERDADE, o homem se defronta com impedimentos sociais ou fatores psicológicos que o inibem diante do mundo. Na volúpia avassaladora que o domina, torna-se produto de uma sociedade massificada, arrastado pelo desejo que o envolve. Perde a espontaneidade durante a busca pela própria liberdade. Acaba por prender-se aos comportamentos programados, sem, contudo, alcançar realização.

A massificação invade as comunidades da Terra, e o homem perde a identidade, perdendo também a liberdade. O ser tenta uma existência anômala, em que se reveste da máscara para cobrir a insegurança ou o desequilíbrio. A liberdade sonhada perde o atrativo, e o homem mergulha nas águas turvas dos desejos e das paixões.

A negação da realidade, a omissão do afeto e da realização constituem o que as religiões chamam de pecado. É a inversão que o ser comete ao trocar o modesto pelo soberbo.

Nessa fuga da realidade e na perda de identidade, as pessoas têm medo de descobrir que são elas que tentam enganar a si mesmas; preferem se sentir vítimas a se ver como pessoas simples.

É preciso urgentemente retomar a simplicidade. Simplificando a vida, a liberdade interior refulge como um sol.

Libertar-se é banhar-se de luz, é conscientizar-se, seja no mundo físico ou no espiritual; é abrir os olhos para ver e, à medida que enxergar, deslumbrar-se com a verdade da vida espiritual.

O elemento psicológico mais importante para o ser é a própria consciência, que não pode ser negada. Ser livre é ser bom, conscientemente. Ser livre é, também, acatar a verdade que existe dentro de cada ser, recusando as máscaras da escravidão.

14
Crer para ver

"Mas já vos disse que também vós me vistes,
e contudo não credes."
João 6:36

MUITOS DIZEM QUE É PRECISO ver para crer. Reclamam sinais ou manifestações ostensivas a fim de que possam dar crédito à realidade extrafísica ou à existência de uma dimensão energética.

O ceticismo do presente século pretende a negação da ideia de um modelo ou inteligência suprema e diretora de todos os fenômenos da vida. Vai ainda mais longe a descrença, pedindo provas palpáveis e que satisfaçam o imediatismo dos interesses materialistas. Os indivíduos gritam e reclamam provas e mais provas a fim de que creiam em algo que, para existir, não os consultou.

Não obstante, a vida oferece respostas que desafiam a sabedoria dos sábios.

Aqueles que dizem basear sua descrença em fatos científicos se esquecem de pesquisar os anais da chamada ciência. Aquilo que em determinada época é considerado verdade científica logo caduca. Em vosso século, as chamadas verdades dos vossos sábios deixam de ser verdades em apenas uma década. O progresso mais rápido realizado nos dias atuais vos ensina que os chamados fatos científicos são tão questionáveis quanto a sabedoria dos cientistas materialistas.

É preciso ver para crer, dizem alguns. Nós dizemos, entretanto, que é preciso *crer* para ver.

Em torno da vossa acanhada vida física operam forças, energias e formas de vida que não vedes e muitas vezes não sentis; no entanto, existem.

Desde a vida e a energia nos domínios subatômicos, bem como os elétrons, que giram em torno do núcleo, até a força gravítica que sustenta os mundos na amplidão, não tendes senão concepções matemáticas ou cálculos, que a maioria de vós não entende, a provar muitas das "verdades" científicas de vosso século.

A existência do DNA e dos elementos químicos considerados mais simples em vossas tabelas periódicas não é, muitas vezes, acessível. Sua existência é um fato, mas ninguém, ainda, em vosso mundo, viu com os próprios olhos a maioria das coisas que vossos cientistas vos convencem de existir.

É preciso crer para ver. A natureza é pródiga em demonstrar a quase infinita variedade da vida somente no planeta Terra. Que dizer então da vida que vai além dos limites que a natureza traçou para os olhos e ouvidos humanos? Aquém do infravermelho e além do ultravioleta vibra a vida, sem que o homem tenha noção das energias que aí se movimentam.

É preciso crer para ver. Sim, pois que a visão humana é muito restrita para perceber inclusive as vidas consideradas do mundo "físico". Que dizer então da vida extrafísica? Não basta ver. É preciso crer. Não basta escutar. É preciso ouvir. Não é bastante enxergar. É imprescindível perceber.

A vida elege aqueles que ascendem a etapas mais aperfeiçoadas. Para perceber as manifestações da vida de mais além é exigida a maturação não somente biológica, mas principalmente psíquica.

É preciso transcender para ver. Isso é para quem tem olhos de ver.

15
Méritos e deméritos

"Logo, que prêmio tenho?"
I Coríntios 9:18

As questões relativas aos méritos e deméritos merecem estudos mais amplos.

A lei das recompensas ou das compensações energéticas é uma realidade inquestionável e, até mesmo, estudada e comprovada pelos estudiosos da física. A lei de causa e efeito preside a evolução de milhões de seres.

Entretanto, é nas questões de ordem moral que vemos com mais intensidade a atuação dessas leis que governam as manifestações da vida. Em qualquer plano ou dimensão em que se encontre, o ser é herdeiro de si mesmo. A mente cria e recebe o entrechoque de suas próprias criações. O ser age no meio onde tem sua existência, e o meio reage com a mesma força e a mesma intensidade empregadas pelo ser.

Para que coisas boas aconteçam, é necessário que a doação de si em benefício do próximo seja uma realidade. A toda ação corresponde uma reação. Para se obter o prêmio, há que merecer. É impossível receber da vida o prêmio da vitória sem o mérito da luta. Ninguém se eleva sem suor, lágrimas e sofrimento.

É natural no mundo que, para subir e atingir o ápice da evolução, o ser vença as barreiras naturais da jornada. E, para aqueles que trabalharam e lutaram pelo próprio progresso, a coroa é a vitória que se expressa numa consciência mais dilatada diante da vida.

A premiação mais valiosa para o ser que luta pelo aprimoramento é a expansão de suas potencialidades.

Ninguém se engane. Só obtemos da vida aquilo que doamos, e isso, na medida exata do amor que empregamos naquilo que fazemos. O homem não pode doar o que não conquistou, mas também não recebe da vida o prêmio sem o esforço pessoal.

Castigo ou recompensa começam e terminam dentro de cada um. É preciso semear. Sem trabalho e dedicação não há colheita. Nenhum ser se projeta com o esforço alheio. E nenhuma vitória é alcançada sem as lutas pessoais. Toda recompensa exige mérito de quem foi recompensado.

16
Maturidade espiritual

"Segui a paz com todos, e a santificação,
sem a qual ninguém verá o Senhor"
Hebreus 12:14

A MANIFESTAÇÃO DA divina bondade é sempre sem alarde e destituída de espetáculos fenomênicos.

Os homens buscam sempre a revelação superior, dos emissários do Alto, em coisas espetaculares ou de qualquer forma que chame a atenção dos espectadores. Aguardam a intervenção espiritual dizendo ser necessário que se realize desta ou daquela maneira, pois "precisam" acreditar. Pedem sinais e manifestações externas de um poder que julgam sobrenatural.

Entretanto, as manifestações de Deus nas vidas de seus filhos são sempre singelas e de forma a falar mais ao sentimento do que à vista. Muitas vezes, essa intervenção do Mundo Maior e dos emissários do Alto se processa de tal maneira anônima que requer muito raciocínio a fim de que se a descubra.

A natureza é a manifestação constante de Deus. Observando as coisas criadas, ver-se-á que o Grande Arquiteto do Universo jamais assinou suas obras. Manifesta-se no mundo de modo suave, sutil, harmônico e perfeito.

Ao homem se requer a maturação espiritual, além da biológica, a fim de desenvolver certos sentidos e ampliar aqueles existentes. Isso fará com que perceba mais intensamente a divina presença. Não basta querer ver a atuação direta de Deus ou de seus prepostos, é imprescindível que o homem aprenda a se elevar. É necessário vencer o peso da matéria e se desmaterializar. É uma realidade que, através da espiritualização ou da santificação interior, o ser poderá perceber a manifestação mais intensa do poder de Deus.

Há que desenvolver a voz de maneira harmoniosa e educar as potencialidades do verbo a fim de entrar em sintonia com Deus, que fala pela voz inarticulada da natureza.

Há que educar o ouvido para ouvir a melodia dos

Imortais, selecionando as fontes e o conteúdo do que se ouve. Ouvir bem transcende o simples escutar. Aprendendo a sublimar esse sentido divino, poderão ser superados os limites das ondas hertzianas e captada a voz de Deus no interior do Si.

É urgente a necessidade de educar a visão a fim de perceber-se, descobrindo Deus em cada ser, vendo-o em cada criatura. A visão interior, psíquica, espiritual é necessária para ver que Deus e seus mensageiros manifestam-se em toda parte.

É preciso desenvolver a sensibilidade do tato, do olfato, do paladar e de todas as manifestações da vida em si, a fim de transcender todas as formas objetivas e penetrar no subjetivismo da criação. Assim, o homem interior sintonizará com o Criador e verá quanto Deus fala, como Deus age, onde Deus se manifesta.

A flor, a lágrima caída ou contida, a dor, o sorriso, a tempestade, a brisa suave, a vida que chega, a vida que parte trazem a mensagem de esperança, a voz de Deus que fala serenamente ao coração.

Há que desenvolver as sutilezas dos sentidos espirituais a fim de captar a mensagem do Criador.

17
Ação e reação

"Porque, segundo o homem interior,
tenho prazer na lei de Deus"
Romanos 7:22

O MEDO E A OCIOSIDADE são fatores relevantes na promoção dos comportamentos destrutivos. Os complexos enfermiços da mente, o sentimento de culpa e a autopunição acabam por tornar patológicos os conflitos humanos. O mau humor, os pensamentos desequilibrados e a falta de iniciativa respondem igualmente pelas situações conflitantes em que vive o homem.

Quando as vibrações da mente não imprimem energia de ordem superior, são plasmadas na tela mental as estruturas complexas, perniciosas e infelizes que delineiam a conduta do homem. Aí, instalam-se matrizes no perispírito, que geram no ser, através da mensagem genética, as diversas enfermidades do corpo e da mente.

Ninguém foge de si mesmo. Por imperativo de uma lei maior, o homem exterioriza aquilo que abriga nos refolhos da alma, e colhe, no momento oportuno, de acordo com a qualidade da semente lançada no solo do seu coração.

É de fundamental importância definir a própria realidade, afirmando-se mediante o esforço de modificar a situação infeliz. As situações indesejadas, funcionando como amarras mentais, aguardam do ser a decisão firme e sincera de modificar-se. É preciso romper definitivamente os grilhões que detêm a criatura em seu processo de autodescobrimento.

A lei divina prescreve esforço consciente a fim de romper a força da gravidade que ameaça reter o homem indefinidamente ao solo planetário.

A filosofia espírita enseja oportunidade de reavaliar a conduta e redescobrir-se. O trabalho da doutrina espírita nos corações dos homens é uma tarefa de reeducação.

A necessidade de amar é urgente. Na descoberta de si mesmo através do amor, eis que surge o magnetismo divino, produzindo o sentimento de quietude e serenidade, o amadurecimento psicológico e o controle das emoções. O homem não mais flutua em desarmonia emocional. Torna-se pleno na vivência do amor, que, transformando-se em experiência, em vida, irriga as células fisiológicas e o psiquismo, ensejando a saúde integral.

A lei suprema entra em ação, e onde, antes, foi semeado o desequilíbrio e colhida a tempestade emocional, semeia-se agora o amor pleno, colhendo-se a serenidade interior, a tranquilidade da consciência.

É a lei de causa e efeito que entra em ação, reequilibrando homens e coletividades, para a felicidade geral.

18
Filhos de Deus

"Como também está escrito no salmo segundo:
Meu filho és tu, hoje te gerei."
Atos dos Apóstolos 13:33

O HOMEM PROSSEGUE a marcha evolutiva rumo ao porto muitas vezes ignorado da perfeição. Diante de si, o futuro desdobra-se, refulgindo pelas realizações sublimes. Embora o passado de ignorância, em que assumiu posturas equivocadas, abre-se um caminho luminoso no porvir.

Com o desenvolvimento da tecnologia, dos meios de comunicação e da ciência de forma geral, os sentidos humanos se encontram ocupados em digerir as informações, que vêm velozes e passam igualmente, em meio às novidades do dia seguinte.

O verniz da cultura substitui pouco a pouco as aquisições íntimas que formam os valores. A educação oferecida nas escolas toma o lugar das virtudes, da sensibilidade da alma. Usam-se então as máscaras da personalidade, que impedem o desenvolvimento da visão interior.

O homem se esquece, aos poucos, da divina progenitura. A própria origem e a condição de filho de Deus são muitas vezes ofuscadas pela velocidade das conquistas materiais.

Ó homens, nossos irmãos! Sois chamados a despertar o divino que eleva a vossa humanidade. Sois conclamados a conscientizar-vos de vossa condição de filhos de Deus. Sois príncipes de um reino que transcende os limites dos vossos sentidos.

A necessidade do momento é de reeducar os sentimentos, a fim de que iluminem a razão. Dessa forma, poder-se-á perceber melhor a condição íntima de filho de Deus.

Entretanto, não basta saber. É urgente a conscientização dessa realidade. É preciso que o homem aprenda a andar no mundo, viver no mundo e trabalhar pelo progresso do mundo com a dignidade de um filho de Deus.

O ser, cuja origem remonta ao amor que gerou todas as coisas, no passado que se perde na eternidade, deve despertar a chama divina que arde em seu interior.

Sois luzes eternas. Conscientizai-vos disso e assumi a vossa condição de filhos, de herdeiros da grande família universal.

19
Realizações

"Em verdade vos digo que quando o fizestes
a um destes meus pequeninos irmãos, a mim o fizestes."
Mateus 25:40

As REALIZAÇÕES REALMENTE proveitosas se perdem diante daquelas que brilham, escondendo a realidade de cada um.

Desenvolvem-se conceitos preciosos, opiniões respeitáveis, deduções que desafiam a lógica. Projetos são traçados, e fazem-se estudos a fim de concretizá-los. Realizam-se reuniões, e as discussões alteram os ânimos à medida que as propostas de renovação são devidamente apresentadas.

Mas... e as realizações?

É fácil a movimentação em torno de uma ideia ou de algum ideal. Mas movimento nem sempre significa construção. É bom levantar a poeira da acomodação, mas isso não significa necessariamente realizar.

Trabalhemos nos conceitos, estudemos as opiniões, façamos projetos, mas tenhamos o cuidado de não permanecer com a cabeça cheia de boas ideias — e conservar as mãos vazias.

20
Espelho vivo

"Não julgueis, para que não sejais julgados."
Mateus 7:1

A VISÃO QUE O HOMEM tem das pessoas e das circunstâncias ou situações que o cercam é muito restrita.

Muitas vezes o que costuma ver é apenas reflexo daquilo que vai em seu interior. Projeta-se no outro, em situações ou posicionamentos cuja gênese está exatamente dentro de si.

Em geral, as coisas que são desagradáveis na conduta alheia são uma sombra do que se tenta esconder de si mesmo. É comum observar quanto o homem se especializa nas projeções mentais, consciente ou inconscientemente. Como mecanismo de fuga, utiliza-se do desculpismo e cria uma imagem de tudo aquilo que o incomoda em si mesmo, imputando ao outro os erros ou os incômodos que não teve a coragem de debelar.

Essa atitude complexa funciona como um mecanismo de defesa contra as próprias tendências instintivas e os comportamentos que a consciência reprova. O medo de enfrentar-se, a fuga da realidade interior e o sentimento de culpa fazem com que se procure no outro aquilo que incomoda em si próprio.

De maneira geral, esses incômodos que se observam na conduta alheia, as dificuldades encontradas na visão que se tem do outro são apenas projeções da consciência culpada, que não encontra força e coragem para encarar-se. Procurar defeitos no outro é verdadeiramente uma anomalia da alma, que merece ação imediata, a fim de se reverem e modificarem os impulsos do ser.

A necessidade do homem contemporâneo é a de conhecer-se mais profundamente. É urgente que refaça a sua visão da vida. Abatido muitas vezes pelas experiências e pela velocidade das conquistas materiais, o ser tem a necessidade de refazer-se, modificando a sua postura.

A visão dualista da vida, do certo e do errado, da virtude e dos vícios gera em muitos o sentimento de culpa que os impulsiona para longe de si. É preciso retornar para a realidade interna e, numa visão interior, realizar a análise de si mesmo, sem os fantasmas do medo ou da culpa, que produzem as fugas desnecessárias. Nada de punições ou de atitudes pessimistas e conflitivas. A necessidade é a de ampliar a visão da alma para poder observar-se e observar as pessoas, os acontecimentos e as situações da vida sob o ângulo da universalidade.

O único erro que existe é manter-se prisioneiro das velhas concepções terrenas.

O sentimento de valorização da vida ensina o homem a elevar-se acima da mesquinha condição de juiz alheio e liberta-o dos sentimentos que ainda o aprisionam na retaguarda. O novo homem, aquele que renasce das cinzas das acanhadas posturas do passado, é um homem de visão mais ampla, cósmica.

A visão integral do ser ante a realidade do universo impede as fugas e os desculpismos, fazendo com que cada um se assuma diante da própria realidade. Não há certo ou errado no caminho do aperfeiçoamento. Há experiências que merecem ser vividas com dignidade e outras que, perante a necessidade da hora atual, merecem ser adiadas ou excluídas da jornada, por desnecessárias.

O homem deve prosseguir a caminhada, a grande viagem da vida, de mãos dadas com os companheiros que jornadeiam consigo. Toda a culpa do mundo, geradora dos conflitos íntimos, não tem existência real.

Quando o Mestre da vida assumiu a condição humana, trouxe a mensagem do amor incondicional, ensinando-nos a valorizar as experiências da jornada terrestre como forma de ascese para a vida mística da espiritualidade interior.

21
Moléstias incuráveis

"Hei de sarar desta doença?"
II Reis 8:8

A MOLÉSTIA QUE TE PARECE incurável é escoadouro abençoado da alma endividada. Toda enfermidade bem compreendida auxilia o espírito a expungir os pensamentos daninhos, lavando-lhe a alma. O sofrimento levado a termo no leito de dor, quando bem compreendido e vivido sem revolta, é um bem inestimável; é oportunidade de refazimento das forças da alma, quando o homem procura meditar nas causas e extrair lições dos efeitos.

Muitas vezes, o benefício das lágrimas reserva-nos lições preciosas, que não aprendemos nos livros.

Pede a Deus a bênção da saúde espiritual, sabendo que a misericórdia do Todo-Poderoso nunca andou atrasada e que, no momento propício, te concederá oportunidade de reajuste perante a divina lei.

Abriga-te nas asas da prece e coloca-te sob a proteção daquele que é todo amor e bondade. Mantém-te em serenidade, aproveitando as lições que a vida te concede no silêncio de tuas horas sentidas.

Deus vela por ti e estará em teu coração na medida certa em que estiveres ligado a Ele.

22
O valor das pequenas coisas

"Antes, os membros do corpo que parecem
ser os mais fracos são necessários"
1 Coríntios 12:22

Todos são peças importantes para o funcionamento do organismo universal. Ninguém ou nenhum trabalho seja desprezado.

Já nos foi dito que nenhum fio de cabelo cai da cabeça sem que o Todo-Sábio tenha disso conhecimento, e certo filósofo asseverou, no passado, que não se pode ferir uma grama no campo sem afetar a estrela mais distante.

A humanidade caminha cada vez mais rápido para fases mais adiantadas de progresso. Por necessidade da sociedade humana, os conceitos de globalização alcançam mais e mais adeptos, facilitando o cotidiano de muitos. Contudo, não há que desprezar o trabalho dos outros, não há que invalidar aqueles que são julgados menores. Todos têm sua importância para que haja harmonia.

O corpo que vos serve de instrumento para a caminhada no mundo guarda um exemplo vivo de como todos têm o seu papel e como são importantes para a comunidade.

O que seria do corpo sem os pés que andam sobre a terra? Como o homem atuaria sem as mãos? Será que o cérebro ou o coração merecem mais respeito do que a língua?

Somos parte de um organismo universal e estamos ligados às estrelas através de tênues fios de amor. É preciso sensibilidade para valorizar as pequenas coisas. Tudo tem um objetivo. Todo homem tem o seu valor.

Levando o nosso raciocínio para campos mais amplos, podemos ver também a necessidade e o valor de outras comunidades, de outras organizações, de outras religiões e filosofias, e não somente daquilo que julgamos acertado.

Não se esqueça o homem de que o seu ponto de vista é apenas um ponto de vista, e não a expressão máxima da verdade.

Por isso, convém procurarmos nas pequenas como nas grandes coisas o seu valor, que muitas vezes se acha escondido. E, não raro, vemos que aquilo, aquele ou a situação que julgamos de maior importância perde o seu valor diante das pequenas coisas feitas com amor.

23
Inimigos íntimos

"E por que atentas tu no argueiro que está no olho de teu irmão, e não reparas na trave que está no teu próprio olho?"
Lucas 6:41

ANTES DE LIBERTAR-SE dos conflitos e das limitações, devido ao estado evolutivo ainda acanhado, o homem procura combater e fazer guerras à vida alheia, estabelecendo um estado quase permanente de conflito social.

O ego é aturdido pelas situações que inventa para mascarar a infelicidade. Tem medo de amar e foge a qualquer manifestação de afetividade, embriagando-se nas sensações grosseiras e passageiras.

A busca da felicidade é sempre individual. Não obstante haja semelhança nos anseios das criaturas que buscam sua realização, a felicidade íntima guarda características particulares.

O ser perde o seu tempo combatendo as manifestações de felicidade alheia, deixando que a inveja, o ciúme e o sentimento de incapacidade o dominem. Esquece-se de combater o inimigo que abriga no próprio íntimo. O tempo passa, e, sentindo-se insatisfeito, o homem deixa-se conduzir para os desregramentos emocionais, que mais tarde produzem o relaxamento da força interior.

Para sair desse estado aflitivo em que se enquadra, é necessário transferir o campo da luta, da parte externa, para dentro de si mesmo. O combate não é mais com a felicidade do próximo, que o incomoda; não mais com o sucesso ou a ascensão de seu semelhante. É preciso armar-se com perseverança, boa vontade, fé inabalável e empreender a luta contra esse estado de inquietude da alma.

Para auxiliá-lo, o homem conta com o poder da prece, que arregimenta forças e atrai energias poderosas. Revigorado pelo contato com os planos mais altos, eis que, depois de assimilar os fluidos imponderáveis do amor, amando-se verdadeiramente, sairá vencedor na batalha do Si. Este, o verdadeiro combate a que deve dedicar-se, com confiança em si mesmo.

24
Disciplina

"Sua mãe disse aos serventes:
Fazei tudo quanto ele vos disser."
João 2:5

TODA REALIZAÇÃO SUPERIOR obedece a um planejamento. Nenhum trabalho que possa ser útil é fruto do acaso ou da desorganização. A indisciplina e a desordem não realizam progresso. Por mais que se observe movimentação no cotidiano, esse movimento não significa elevação.

É necessário verticalizar as obras humanas, dando sentido àquilo que se faz.

Muitos homens estudam, trabalham e movem-se sobre a superfície do planeta sem iluminar-se por um ideal. Ao fim da experiência física, encontram-se prisioneiros de indefinível angústia. O vazio em que se encontram é aumentado pela sensação de inutilidade. É que passaram pelo mundo ou o mundo passou por eles, e se definiram como robôs que faziam apenas aquilo para o que foram programados.

Foram moldados, construídos pelos cuidados dos pais, pela educação envernizada das escolas públicas ou particulares. Cresceram forjados para prosseguirem fazendo exatamente o que fizeram aqueles que os antecederam, ou aqueles que aprenderam a respeitar. Não planejaram a própria vida; não experimentaram viver além das aparências.

Produto da sociedade moderna, passam como sombras humanas, que, para não dizer que nada fizeram, aprenderam a comer, sobreviver e procriar, sem ascender à vida mais ampla da espiritualidade.

O homem matéria deixa-se então levar pelo curso das experiências que o envolvem, submergindo no mar das lutas e dos problemas humanos. O ser debate-se em meio aos entrechoques da civilização, entre os recalques das convenções estabelecidas pela sociedade contemporânea.

Nesse momento de perda da identidade e de dificuldades que se expressam nas experiências humanas malsucedidas, é necessário que o homem retorne para o Si profundo.

A retomada da identidade é de extrema importância para a felicidade. Ouse o homem ser ele mesmo, e não uma cópia imperfeita daquilo que já existe. Desafie o sistema que lhe é imposto e tente ser feliz, ressurgindo das experiências do passado em renovação de vida.

A dedicação a um ideal nobre e elevado é papel de urgência para o ser sentir-se realizado. A busca de novos valores, de uma vida mais digna e de um trabalho útil e consciente liberta o homem do atavismo milenar a que se encontra jungido, escravizado.

O objetivo da vida é muito mais amplo do que realizar cópias malfeitas. É preciso ousar viver, experimentar ser feliz e ser bom. O ideal renova a vida interior e sustenta os estados psicológicos elevados. Dedicar-se a algo em que se acredita, a uma tarefa que representa um ideal de vida elimina muitos males e dá força nova à existência.

Todos têm algo importante a fazer. Que se faça a coisa certa, no lugar certo e na hora ideal. A obediên-

cia a um planejamento elevado e a uma disciplina é o
que determina a natureza superior do nosso trabalho.

25
A força do verbo

"Passará o céu e a terra,
mas as minhas palavras não passarão."
Marcos 13:31

A PALAVRA É A MATERIALIZAÇÃO dos sentimentos mais íntimos do ser. A força do verbo é capaz de impulsionar o progresso do indivíduo ou das comunidades, ou promover a queda nos despenhadeiros das sombras.

A energia expressa através do verbo já era estudada pelos colégios dos sábios do passado. Confrarias e mosteiros foram erguidos em todas as épocas, em cujo interior se aprendiam e exercitavam o poder e o alcance da palavra como agente criador e modelador das forças interiores da alma.

O verbo dá forma ao pensamento. A energia benéfica da palavra reveste-a de poder, que modela, em torno de quem a pronuncia ou no local para onde é dirigida, os fluidos ambientes. Nasce assim a força do mantra, que, pela repetição harmoniosa, cria a egrégora sadia com a qual são alimentadas as aspirações e as inspirações superiores da humanidade.

A palavra é uma conquista do espírito, que, ao longo dos séculos, desenvolve o potencial rumo a maiores definições para expressar a imortalidade.

Com o uso da palavra, o homem terrestre cria a guerra, destrói, subjuga, mata, atrofia as forças da alma. Utilizando-se da palavra, o homem constrói a paz, eleva a alma, promove a vida, cria esperança, incentiva o progresso e faz luz em torno de si.

Já escreveu um sábio do passado: "No princípio era o verbo",[6] dessa maneira nos ensinando que a palavra ou o verbo é o início de toda a realização no mundo da forma. Isso nos faz refletir quanto ao uso que se faz dessa força que se materializa através da boca.

A palavra, quando pronunciada, não tem mais retorno; modela nos fluidos ambientes e na luz astral a ideia que ela representa. Quando retida ou educada em

[6] Jo 1:1.

seus primeiros impulsos, poderá evitar desastres e conflitos dolorosos. Quando melodiosa, poderá elevar o sentimento e o pensamento às viagens do universo interior.

A palavra é um recurso desenvolvido pelo homem, sob cujo poder ele expressa a inspiração com que se afina. Sob a intuição superior, o homem expressa pelas palavras o bem e o belo, para a elevação própria e das coletividades.

26
Discipulado

"E havia em Jope uma discípula chamada Tabita,
que traduzido se diz Dorcas.
Esta estava cheia de boas obras e esmolas que fazia."
Atos dos Apóstolos 9:36

A QUESTÃO DO DISCIPULADO é verdadeiramente importante para aquele que pretende dedicar-se à procura da verdade. Para haver discípulos é necessário mestre. Mas, havendo mestres que orientem e homens que os sigam, também nascem os mitos.

Há homens que são mestres. São seres cujas experiências foram ampliadas em dimensões que o homem comum encontra dificuldades de entender. Ensinam sempre aprendendo. Transmitem sabedoria, mas não perdem a simplicidade. Teorizam a vida praticando o amor. Não impõem, sugerem. Nada forçam; compartilham as experiências, refazendo cada passo na companhia do pupilo.

Há homens que são discípulos. Sempre os haverá, pois refletem a busca eterna da transformação. Mas ser discípulo é apenas seguir, buscar, procurar em si a força que aperfeiçoa. O discípulo, com o tempo e devido aos ensinamentos do mestre, sente a necessidade de transcender o discipulado. Almeja o apostolado. É quando deixa de ser apenas seguidor e passa a experimentar a alegria de servir, a felicidade de realizar. Nesse momento, transcende a si mesmo e dá o primeiro passo rumo ao mestrado.

Há também o homem que se transforma ou é visto como mito. Mas o mito passa com o tempo. É uma imagem falsa da realidade. O homem mito ou mitificado, ou, ainda, que se permite mitificar, assemelha-se às estátuas de um falso deus mitológico. Quando cai, destrói a esperança de quantos confiaram nele.

Entendemos, contudo, que ainda é necessário haver mitos, para se valorizar o discipulado. É preciso que haja discípulos, para que a grandeza de servir no apostolado possa embasar a formação do mestre.

O discípulo necessita desenvolver o conhecimento

do Si. Em sua jornada de aprendizado, só será um verdadeiro iniciado quando a sua visão do mestre for destituída de fantasias, sem as quais o mito inexiste.

O caminho da iniciação espiritual é o da descoberta da verdade. E ante a verdade, os mitos caem, pois são ídolos criados pela imprudência e inexperiência dos homens.

Transcender o discipulado é libertar-se da ilusão dos sentidos e realizar-se.

O mestre, por isso mesmo, é aquele que conduz, que educa e que promove a ascensão do discípulo, sem criar dependência e sem permitir o mito em torno da própria personalidade. Embora venerável, não perde a simplicidade e, sendo um mestre, não se contenta com o que sabe, colocando-se sempre na condição de aprendiz.

O caminho da verdadeira iniciação é a estrada do aperfeiçoamento. Difícil, talvez, mas possível de ser palmilhado.

Aperfeiçoar-se é despir-se do perfeccionismo e integrar-se à simplicidade da vida. Os seres já iluminados são almas simples e aprendizes eternos da ciência da alma.

27
Renovação interior

"Sabendo primeiro isto,
que nos últimos dias virão escarnecedores"
II *Pedro 3:3*

ESTAMOS VIVENDO UMA ÉPOCA em que se pede de todos uma definição de valores. As dificuldades enfrentadas na escola terrestre apontam tempos graves, em que a história das civilizações planetárias se encontra numa encruzilhada. É momento de reflexão profunda, quando as aquisições íntimas serão postas à prova.

Um sopro de espiritualidade vem do espaço em direção à morada dos homens. A inspiração para a humanidade nunca fluiu com tamanha intensidade — assemelha-se à chuva serôdia.[7]

As intuições do Alto promovem em toda parte a

---

[7] Cf. Pv 16:15; Zc 10:1; Tg 5:7 etc.

renovação interior, a volta para as origens e a propagação dos princípios superiores da vida.

A humanidade encontra-se dividida, nesta hora que antecede o raiar de uma nova era. Trata-se de momentos de intensa atividade psíquica e de definições pessoais. É preciso ter cuidado para não se perder em meio às aventuras mirabolantes que são oferecidas pelas experiências dolorosas do fim de uma era, como fugas libertadoras.

As fórmulas de santificação imediata, as doutrinas salvacionistas e as soluções espetaculares, apresentadas ao habitante desprevenido do planeta Terra, ameaçam o futuro de realizações proveitosas.

O terreno espiritual sobre o qual se encontra o homem neste final de era é um terreno movediço e mágico. É preciso desenvolver o bom senso, síntese da razão e do sentimento. Sem isso a humanidade corre o risco de afundar nos precipícios do pessimismo ou embarcar na nau das permissividades.

A hora é grave; por isso mesmo, requer prudência da parte de todos. É tempo de renovação planetária e individual, mas não se deve perder a esperança e a alegria de viver. É hora de transição; não se perca a oportunidade de renovação e estruturação dos valores íntimos, base segura da verdadeira felicidade.

E ninguém se esqueça de que, embora possam aumentar as dificuldades de toda sorte neste final de era, Jesus, o Divino Timoneiro, permanece com o leme da embarcação planetária em suas mãos, administrando o destino da humanidade.

28
Morte e vida

"Disse-lhe Jesus: Eu sou a ressurreição e a vida;
quem crê em mim, ainda que esteja morto, viverá"
João 11:25

MORTE E VIDA SÃO DUAS ETAPAS da mesma experiência. A morte não tem existência real no universo. A sombra também não, pois sua existência é uma ficção, é apenas a negação da luz. Quando se abre um quarto escuro, as sombras nunca invadem a luz, fazendo trevas. O contrário acontece: a luz dilui a escuridão, fazendo claridade.

A morte, por não ter existência real, não pode aniquilar a consciência. O nada não existe. Tudo é vida, e a própria morte dilui-se na eternidade da vida, que faz luz em toda parte.

Ainda é necessária a visão da morte, a fim de que o homem valorize e entenda a vida. Assim como a sombra, a morte é necessária para que os filhos valorizem a beleza da luz.

Podemos observar todos os dias o fenômeno da desagregação celular dos corpos físicos. Tudo e todos morrem diariamente, e a vida ressuscita gloriosa a cada manhã, em cada nova experiência.

Morrer é uma experiência reservada a todos. Porém, desencarnar é para poucos. Morre-se todos os dias, mas desencarnar é desapegar-se da carne, das questões materiais e efêmeras, e desdobrar a consciência a etapas mais amplas da experiência da vida.

Morrer, todos morrem. Todavia, é preciso desapegar-se e ressurgir com a consciência plena na realização do bem de todos, a fim de que o bem de todos se converta no bem em favor de nós mesmos.

29
A inveja

*"Em verdade vos digo que
nenhum profeta é bem recebido na sua pátria."*
Lucas 4:24

A INVEJA É UMA CHAGA que destrói pouco a pouco as melhores aquisições da alma. Mina as energias e povoa as noites frias com a intensidade causticante das brasas, pois inquieta aquele que a abriga. O indivíduo que abre espaço interior para a inveja está doente da alma. O invejoso não somente se inquieta com o sucesso e as atitudes alheias, como também envolve a pessoa vítima do seu desequilíbrio nos fluidos mórbidos de sua insensatez.

Por sua vez, quem se faz alvo da inveja precisa manter-se digno de si mesmo, elevando o seu padrão de sentimentos e emoções, continuando sua jornada. Se se preocupar com as impressões dos outros poderá perder as melhores realizações de sua vida.

A inveja relaciona-se com o preconceito, outra chaga que se espalha pelos corações dos homens. Ambos promovem a perseguição do objeto de suas atenções. Certamente que a existência desses elementos no interior das criaturas deve-se a uma visão equivocada da vida. Falta o autoconhecimento.

Por se achar incapaz de realizações semelhantes às do seu próximo, o homem entrega-se aos pensamentos e às ideias mesquinhas, formando o ninho moral onde nasce a inveja. Muitas vezes, também, aliadas à crença na própria incapacidade, a preguiça ou a covardia para lutar pelas próprias realizações produzem essa chaga destruidora, que só será cicatrizada com trabalho digno e honesto.

O remédio para esses e outros males morais é o retorno para dentro de si, numa análise profunda da vida. O conhecimento de si mesmo é a chave para a porta do sucesso interior, que iluminará as sombras da alma enferma.

Em qualquer situação da vida é preciso ter coragem para experimentar, para viver, para sair de si mesmo e transbordar-se em realizações que satisfaçam a sede interior de elevação da alma.

30
A caminho do reequilíbrio

"E, dizendo isto, mostrou-lhe as mãos e os pés."
Lucas 24:40

O SER HUMANO é o resultado de suas aspirações. A harmonia ou o equilíbrio da personalidade é a resposta do comando do ser, por intermédio da mente, promovendo a integração do Eu com o corpo.

Por diversas vezes, o rompimento desse equilíbrio deve-se à imprevidência do homem. Ninguém consegue ser feliz e sentir-se integrado com a vida, autor-realizar-se, sem conquistar as metas que estimulam as emoções sadias.

O desconhecimento da natureza espiritual e das leis que regem a vida inibe as energias da alma, permitindo que algozes mentais se materializem nos comportamentos abusivos e desregrados. A demora nesses conflitos perturbadores, que rompem o equilíbrio, atrai outras mentes infelizes, que se consorciam ao homem, produzindo as chamadas obsessões.

A princípio de maneira incipiente, depois de forma mais declarada, as desarmonias tornam-se patológicas. Surgem, então, os fantasmas do comportamento doentio. A timidez aprisiona o ser dentro do castelo de suas deficiências psicológicas. A angústia, como sentimento destruidor, ameaça fazer ruir as melhores realizações pessoais, alienando sua vítima.

Sem o posicionamento correto e coerente, o homem torna-se instrumento de outras inteligências e passa a pensar e agir maquinalmente, confundindo-se na multidão.

A ansiedade surge então como algoz que procura destruir o ser, na busca louca pela realização material, pelos métodos salvacionistas e pelas promessas que jamais serão cumpridas. Esse é o modelo psicológico de muitos que se deixam enveredar pelo caminho do desequilíbrio.

Todos esses fantasmas psicológicos são máscaras de um ego ferido e malresolvido, que requer a urgência da medicação espiritual.

O homem deve vigiar seu comportamento íntimo para detectar os sinais perigosos da desarmonia e erradicá-los de sua alma.

O Evangelho e a filosofia espírita, com o conhecimento das causas pretéritas dos distúrbios da alma, desempenham papel importante como terapia emergencial. Pela vivência dos princípios do Evangelho, o homem liberta-se desses distúrbios avassaladores; pelo esforço de autoeducação e de modificar-se, superando as más inclinações,[8] desenvolve a consciência de que a gênese de sua infelicidade não é externa, mas interna. Assim, opta pela saúde integral.

É hora de retomar a caminhada e reequilibrar-se, procurando ser feliz.

---

[8] "Reconhece-se o verdadeiro espírita pela sua transformação moral e pelos esforços que emprega para domar suas inclinações más" (KARDEC, Allan. *O Evangelho segundo o espiritismo*. Rio de Janeiro: FEB: 2005. p. 352, cap. 17, item 4).

31
Consciência

"Amados, se o nosso coração não nos condena,
temos confiança para com Deus"
1 João 3:21

VENCIDA PELO HELIOTROPISMO, a rosa abre-se ao amor, esparzindo o perfume de suas pétalas. Os rios e fontes, procurando o equilíbrio, contribuem com a orquestra da natureza, indo em direção ao oceano. Astros voluteiam no espaço intermúndio, provando a necessidade das leis que regulam o universo.

O homem terrestre é convidado a preservar a tranquilidade da consciência, sem que a agitação do mundo perturbe a sua paz. Problemas, calúnias, agitações ou qualquer acidente na jornada não podem impedir que a consciência esteja em paz — na paz do trabalho nobre. Portanto, é preciso manter a serenidade na alma, a fim de que a turbulência do mundo não ameace o equilíbrio interior.

Obedecendo à lei de evolução, o homem caminha para campos de atuação cada vez mais amplos, mas isso se dará somente com a paz da consciência obtida nos deveres retamente cumpridos.

Não se torne uma amargura o exercício da escalada espiritual. Tornemo-nos alegres, porém sem perdermos a seriedade que devemos às questões íntimas.

Identificados com a visão do futuro que nos aguarda, não estacionemos no porto da culpa ou do desculpismo, para que a nossa consciência não se transforme em nosso maior cobrador, criando o inferno mental.

Renovemo-nos. A terapia do trabalho com amor tem regime de urgência.

32
Luz da vida

"Nele estava a vida, e a vida era a luz dos homens."
João 1:4

A LUZ INTERIOR É um estado da alma. Muitos andam permanentemente em trevas. A ignorância é cultivada em massa quando se evita o esclarecimento íntimo. Ante a grandeza da vida, poucos avançam para a lucidez espiritual, que produz a iluminação do ser.

A fase infantil da escalada humana rumo ao infinito ainda não foi superada por muitos. Como crianças na escola da vida, os homens ainda se ocupam com futilidades e brincam de viver. As questões efêmeras permanecem como centro de atenção, e poucos se esforçam por se tornar conscientes ou lúcidos no que se refere à realidade do universo.

Alguns, que tentam superar os limites estreitos da fase infantil, começam a despertar a luz bruxuleante da consciência de humanidade. Mas, com as imposições da sociedade contemporânea, demoram-se demasiado na fase da adolescência espiritual.

Aí é que se manifestam os conflitos conscienciais e psicológicos, os traumas, medos e ansiedades que emergem do passado espiritual por imposição da lei do carma. O homem encontra-se dividido entre a possibilidade do crescimento espiritual e os apelos do mundo, produto de uma sociedade que submerge nas vagas da mendicância moral.

Aqueles que ousam desafiar o sistema e o estado de coisas reinante logram atingir a iluminação interior. Mas isso não se dá sem os conflitos que são gerados pelo avanço espiritual.

Paulo de Tarso classificou esse estado de conflito íntimo como sendo a batalha da *lei do pecado e da morte* contra a *lei da vida*,[9] o *homem velho* contra o *homem novo*.[10]

Ninguém se engane quanto às condições em que

[9] Cf. Rm 8:2.

[10] Cf. Cl 3:9; Rm 6:6; Ef 4:22.

se dará a ascese espiritual. Não há elevação sem lutas, e luz alguma se acende sem incomodar as trevas.

É preciso fazer luz na escuridão de todas as almas que ainda se mantêm prisioneiras do passado sombrio. A luz verdadeira é a iluminação da consciência e a sensibilização do coração, que produzem o equilíbrio íntimo.

33
Amando-se

"Portanto, procurai com zelo os melhores dons;
e eu vos mostrarei um caminho mais excelente."
1 Coríntios 12:31

NA BUSCA INCESSANTE da espiritualização, o candidato à jornada espiritual procura desenvolver em si várias possibilidades de serviço. Analisando tendências e recursos anímicos que detém, lança-se à procura da aventura espiritual. Nessa marcha, rumo a maiores definições na vida, movimenta-se o aprendiz, em meio ao tumulto dos movimentos de libertação da consciência humana, definidos nas várias filosofias e religiões da atualidade.

A vida inteira passa o homem à procura da realização interior. No vaivém dessa sede de sua alma, costuma perder-se. Após anos de busca e de mudança de domicílio na atividade religiosa, sente-se vazio e preso a indefinível angústia.

É que a maioria dos homens procura fora de si a solução para a sua carência espiritual. Correm muito, projetando nos movimentos espirituais os seus anseios de realização superior. Não raro, costumam criar ídolos humanos, que tombam ante os primeiros sinais de conflito ou insatisfação.

A realidade da vida exige que o ser se firme nas bases sólidas do amor. Não adiantam os tumultos causados pela movimentação improdutiva. De nada vale a vida de inquietação íntima em busca da verdade se o homem não aprende a amar. É necessário que se abrigue no templo da alma e regue com paciência e perseverança as sementes do amor que ainda não brotaram no solo do coração.

Amar é amar-se. Amar-se é valorizar a vida e preservá-la. Aquele que não ama corre o risco de encastelar-se na angústia e na depressão. O amor de que falamos é o amor doação, o amor ágape, que eleva e aperfeiçoa. Quem ama não vive só. O amor é como o bumerangue, que, uma vez lançado, sempre volta ao lugar de partida.

O caminho mais excelente para a ascese espiritual é amar, amando-se.

34
Preocupações

"Mas daquele dia e hora ninguém sabe"
Marcos 13:32

As PREOCUPAÇÕES QUANTO AO FUTURO, se não são orientadas pelo otimismo, costumam deteriorar as forças da alma.

O homem se preocupa quanto ao magno problema da morte. Teme enfrentar o desconhecido, apenas por ser-lhe desconhecido. Imagina os dias de sofrimento que possam anteceder a grande viagem. Procura traçar com pinceladas cinzentas o fim do mundo, fazendo apologia da destruição, da morte e do medo.

Muitos perdem noites de sono, sofrendo doenças imaginárias, ou tendo-as, antecipando a calamidade orgânica, que nunca saberão com certeza se e quando acontecerá. Fazem do travesseiro almofada de lamentações e perdem tempo precioso sofrendo antecipadamente.

Tudo é mera ilusão.

O homem contemporâneo alimenta-se de uma imaginação doentia e colhe os frutos do desespero. Convidamo-lo a refazer os clichês mentais. É urgente que modifique a visão de si mesmo, da vida e do mundo e aproveite o tempo para ser feliz quanto possa.

Forças soberanas conduzem o destino do homem na Terra, e ninguém se furtará, no momento previsto, de passar pelas provas que lhe estão reservadas. Entretanto, é ilógico e irracional sofrer por antecipação, morrer sem desencarnar e ter medo de algo que talvez nunca venha a acontecer.

O homem cria os fantasmas que o perseguem e lhe povoam a mente, atormentando-o. É preciso combater urgentemente o pessimismo com esclarecimento, amor e trabalho constante.

Se gostas de perder tuas noites de sono, procura aproveitá-las escrevendo uma página de consolo ou realizando uma leitura sadia. Se gostas de exercitar a imaginação, procede com sabedoria, imprimindo nas telas mentais imagens positivas e otimistas.

Não te entregues à insatisfação doentia, ao sofrimento antecipado. Lembra-te das palavras do Mestre: "Mas daquele dia e hora ninguém sabe, nem os anjos que estão no céu, nem o Filho, senão o Pai".[11]

---

[11] Mc 13:32.

35
Fraternidade

"Honrai a todos. Amai a fraternidade."
1 Pedro 2:17

A DESONRA E A AVAREZA sempre estiveram presentes na história do homem terrestre. Desonra é a não valorização da vida e a falta de amor para consigo e para com a vida do próximo. Avareza é a conduta reprovável de quem vê apenas a si, de quem vive para si e se encarcera no sentimento próprio, esquecendo-se do sentimento alheio.

Esses dois fermentos da loucura espiritual podem ser combatidos com a fraternidade pura.

A fraternidade é lei superior, fôlego divino e hausto da vida universal. Ante o concerto da fraternidade, a paisagem do mundo ficou irisada de luz, as cidades da Terra conheceram a paz, e o banquete de esperança foi apresentado aos homens, em um convite à paz interior.

Eliminando as sombras da paisagem do mundo, surge a fraternidade, lançando as bases na manifestação do amor. Surge para a humanidade o momento de recomeçar e refazer as experiências, vivendo a fraternidade.

Quem abraça os ensinamentos de Jesus quase sempre prova o cálice dos testemunhos, mas, sobretudo, acende a chama da fraternidade na alma.

A dor atroz, as agressões e torpezas são silenciadas pela prática da fraternidade. A fraternidade e o amor são o alfabeto da era nova, sobre o qual será construído o altar da vida.

36
Chamado ao trabalho

"Portanto, como diz o Espírito Santo:
Se ouvirdes hoje a sua voz, não endureçais os vossos corações"
Hebreus 3:7-8

A CONDIÇÃO ÍNTIMA de cada um é definida pela sua capacidade de amar. Cada qual é defrontado, durante a vida, com questões graves, que influem em seu futuro. Mas o estado íntimo ante os problemas que a vida apresenta é oportunidade de verificarmos como temos progredido. Nossas decisões nos momentos difíceis provam quanto temos aprendido na escola do mundo.

A voz interior da sabedoria divina nos chama sempre para o caminho do equilíbrio.

A depressão, a angústia, o sofrimento moral e a ansiedade podem até ameaçar a harmonia do ser, mas a divina voz, que clama dentro de cada um, através de sua consciência, conclama ao trabalho renovador. Ouvindo o apelo interior, cada um poderá, por si mesmo, devassar o mundo íntimo e espantar a sombra de melancolia que ameaça o equilíbrio.

Mas o homem pode ignorar os apelos santificantes do Alto, entregando-se aos fantasmas destruidores da alma, como os conflitos que o subjugam, afastando-se da única forma de nascer de novo. Olvida a voz superior, que o convida ao recomeço.

Desenvolver a sensibilidade do coração é dar-se nova oportunidade. É preciso suavizar as emoções, a fim de ouvir a voz do infinito.

Deus fala conosco, convidando-nos a superar as fronteiras do eu e a crescer no trabalho enobrecedor. Somos filhos de Deus, e o seu chamado para nós não deve ser ignorado.

Não há mais tempo para se entregar aos conflitos da alma. Desenvolvamos a energia espiritual, que nos fortalece através do otimismo e da nossa postura digna diante de nós mesmos. Ousemos crescer, trabalhando sempre, pois o trabalho é a medicação segura contra os males que nos ameaçam.

37
Rejeição

"Veio para o que era seu, e os seus não o receberam."
João 1:11

O PROBLEMA DA REJEIÇÃO é algo que merece estudo mais profundo. A criança, quando sofre rejeição ou se vê vítima das atitudes contraditórias daqueles que a orientam, passa a formar um quadro, uma imagem mental que se projeta através do tempo, na vida adulta.

Vários fatores contribuem para fortalecer a ideia da rejeição, formando um campo psíquico favorável aos processos psicológicos complexos.

O homem cresce em meio às deturpações de seu comportamento, forjando uma falsa realidade de si mesmo. Sua visão é nublada pelos problemas enfrentados durante a vida, sem solucionar os conflitos íntimos.

Com o tempo, após vários insucessos, ele passa a abrigar diversos complexos; entre eles, o complexo de inferioridade ressalta como um dos mais daninhos para a personalidade humana.

Vítima de uma postura equivocada, o homem abre campo, então, para o gradual afastamento da vitória pessoal nas experiências cotidianas. Encontra-se acuado diante dos outros, e o processo psicológico de conotação negativa muitas vezes passa a ser patológico, gerando as depressões e angústias que assomam atualmente na vida das pessoas.

É preciso trabalhar o ego, a fim de dar novas dimensões aos valores internos. O eu profundo, equivocado, merece um tratamento emergencial de autovalorização, sem cair na situação extrema oposta.

O medicamento adequado precisa ser ministrado em regime de emergência. O espiritismo oferece o recurso ideal para debelar certos problemas da alma humana. Com o conhecimento evangélico-doutrinário, o homem é ensinado a ver-se sob novo ângulo. Sua visão interior é dilatada, em um processo de autoajuda.

A grande viagem interior da alma é resultado do amadurecimento íntimo.

Voltando-se para dentro de si, o homem é chamado para a reavaliação de sua vida e a entrega total a um trabalho de renovação. Alicerçado em valores nobres adquiridos nas experiências, poderá olhar com otimismo a sua relação com o mundo e, assim, localizar-se na sociedade como alguém capaz. Passará então a construir e a contribuir para o crescimento individual e coletivo.

A visão espírita, desenvolvendo uma psicologia profunda, impulsiona o homem para o alto, ressuscitando a confiança íntima e ensejando novas oportunidades de realizações.

Nascerá um novo ser, transformado sob o sol de uma nova vida — a vida espiritual.

38
Seguindo adiante

"Andai como filhos da luz"
Efésios 5:8

Difícil aquilatar a extensão das dificuldades alheias. Não sabemos com certeza as causas da situação angustiosa de certas provações humanas. Mas, com certeza, podemos contribuir para que o homem não desanime ante as provas que lhe cabem e continue avançando rumo ao equacionamento de seus problemas.

Por mais duras que pareçam as experiências ou por mais difíceis que sejam os caminhos escolhidos, nunca te permitas o repouso enganador e não te detenhas evocando os tropeços da jornada. Caminha sempre, confiante de que a bondade de Deus nunca nos desampara. Por mais se nos afigure longínquo o socorro divino, somente é assim devido a nossa visão, que se turva pela nossa imperfeição.

Deus nunca tarda com o recurso celeste. Ele está sempre adiantado na solução de qualquer problema. Talvez o homem procure resultados diferentes daquele que lhe é apresentado. E quem sabe ele não tenha tomado atalhos em sua jornada, desviando-se dos planos do Alto?

Por isso mesmo, continua tua marcha, pois Deus nos encontra sempre no lugar e na hora exata em que mais necessitamos do seu amor.

Parar só complica as coisas. Estacionar, jamais. Caminha firme, mesmo à custa de suor e de dor, sabendo que Deus abre estradas seguras que vão ao encontro dos caminhos tortuosos que escolhemos.

Mantém o ânimo e não desistas do trabalho enobrecedor, renovando tuas forças sob a proteção daquele que é todo amor e misericórdia.

Quando as lágrimas ameaçarem descer de teus olhos, abriga-te nas asas da prece e, confiante, continua tua jornada, ao amparo das forças superiores. Em apenas um minuto, todo o panorama do mundo pode ser transformado pela bondade de Deus, e tu mesmo te surpreenderás com quanto és amado e quanto Deus confia em ti.

39
O outro caminho

"De maneira que a lei nos serviu de aio,
para nos conduzir a Cristo"
Gálatas 3:24

MUITOS DIZEM SER seguidores de Jesus. Os cristãos lutam entre si, armando-se verbalmente, e afirmam que só eles é que seguem a Jesus. Ao longo dos séculos, muitas guerras foram geradas e mantidas por aqueles que se diziam apologistas da verdade e pretendiam seguir os ensinos de Jesus.

Muitos estimam seguir Jesus; entretanto, poucos, muito poucos intentam seguir o Cristo pelas estradas estreitas da vida. Procuremos meditar nisso e vejamos quanto temos estado com Jesus.

Os caminhos do Cristo passam pelos momentos difíceis de todos os homens. Seguem nas vielas escuras dos padecimentos humanos. Dobram-se ante as aflições alheias e prosseguem sempre sendo pisados pelas prostitutas, pelos famintos, pelos sedentos, pelos deserdados, pelos rejeitados da sociedade. Esses são os caminhos de Jesus.

Procurar segui-lo somente nas horas de alegria ou entre os aplausos do mundo é apenas engano. Quando o procuramos, nós o encontramos servindo, amando e sofrendo com as dores do próximo.

Não nos iludamos. Não é muito mais nas ruas asfaltadas ou nos caminhos floridos que o encontraremos. O Cristo prossegue sua caminhada à margem da estrada, no próprio coração daqueles que sofrem.

40
Saciedade e conflitos

"E, tendo comido, ficou confortado."
Atos dos Apóstolos 9:19

A SACIEDADE É UM MAL que pode ameaçar aquele que caminha rumo ao amanhã. Saciedade vem da busca do prazer e, muitas vezes, resume um capítulo triste da derrocada espiritual.

Saciar-se das coisas que a vida oferece aos sentidos é atestado de pequenez do espírito. Saciar a sede de Deus e do bem é procurar sintonizar com os elevados propósitos de Jesus.

Há saciedade e saciedade. Uma palavra para designar duas posturas.

Procuremos refletir a respeito do alimento que estamos proporcionando ao nosso espírito. O medo que domina os corações faz com que o homem procure a fuga, refugiando-se na amargura, isolando-se da convivência sadia com o próximo. O medo destrói as esperanças e restringe o campo de ação do ser que o acolhe. A angústia passa então a preencher as horas vazias, gerando a ansiedade, que se sacia na imprevidência humana.

Ansioso, o homem corre de um lado para outro na tentativa de mostrar movimento, não respeitando os limites alheios nem considerando a vida em torno de si.

Alimentando a alma com o desregramento, com leituras e conteúdos inconvenientes e emoções descontroladas, o homem moderno sacia-se no cálice do desespero. Nascem dessa forma os conflitos íntimos e sociais, as depressões e opressões, a inquietação íntima e a guerra.

Reflitamos sobre nossa vida e procuremos nos enquadrar nos padrões nobres, a fim de reeducarmos os nossos impulsos.

Modernos estudiosos do comportamento humano defendem a liberação dos impulsos e instintos primitivos, e multidões seguem-lhes os conselhos irrefletidos — para depois caírem vítimas de doloroso processo de infelicidade. O homem não é feliz se, saciando-se nas manifestações instintivas, comparar-se ao selvagem.

Mas logrará ser ainda inferior quando, encontrando-se mais esclarecido que aquele, voluntariamente entregar-se aos desvarios.

A filosofia espírita traz uma proposta revolucionária e renovadora. Vem convidar o homem da Terra a ousar a realização íntima, única base segura para os voos do ser rumo à verdadeira felicidade.

A realização interior é colocada diante de todos, numa proposta otimista de valorização da vida. É superando as barreiras do Eu e alcançando a maturidade psíquica e biológica, numa síntese da evolução humana, que o ser adquire os predicados para a própria elevação e felicidade.

Transformar-se, reeducar impulsos e tendências, dando direcionamento superior às potencialidades, constitui a única maneira de lograr êxito na jornada da alma. Isso é o amor em ação, transformando e impulsionando o homem para as estrelas.

41
Ver e ouvir

*"Porque não podemos deixar de falar
do que temos visto e ouvido."*
Atos dos Apóstolos 4:20

ENCONTRAMOS NA JORNADA da vida várias experiências que merecem profundas reflexões.

A ciência humana explicou os mecanismos da visão física e do aparelho auditivo, bem como suas funções. A medicina desenvolveu métodos de diagnosticar e sanar as diversas anomalias dos órgãos do corpo humano, atendendo à necessidade de recuperação da saúde.

Muita gente ouve bem e vê bem, considerando-se as funções materiais dos olhos e ouvidos. Entretanto, presenciamos diariamente muitos conflitos humanos, sociais e econômicos decorrentes do não saber ouvir ou ver com discernimento. Essa não é mais uma questão para os compêndios da medicina terrestre. A análise dessa anomalia da alma é campo de ação do pensamento universal.

Saber ver e ouvir é para poucos que se interessam pela convivência pacífica.

É conhecida a expressão evangélica: ter olhos para ver e ouvidos para ouvir.[12] Portanto, é bom que nos analisemos sob a ótica espiritual e ponderemos sobre como tem sido nossa visão das questões que se nos apresentam no cotidiano. Como temos ouvido os diálogos dos semelhantes?

É da mais alta importância essa questão. Depende da forma como vemos ou ouvimos as coisas e as pessoas nos ajuizarmos e nos comportarmos de maneira adequada.

Muitos escutam. Poucos ouvem. Muitos enxergam. Poucos veem.

[12] Cf. Mt 11:15; 13:9; Mc 4:9,23; 7:16; Lc 8:8; 14:35 etc.

42
Felicidade

"Bem-aventurados os pobres de espírito"
Mateus 5:3

Todo homem busca a felicidade. Todos procuram realizar-se na busca do amor. Mesmo quando o homem erra, pelos caminhos tortuosos da viciação e do desequilíbrio, ele obedece ao impulso da busca constante da felicidade. Ocorre que ele se desviou do caminho correto, errando em suas decisões ou opções. Algum dia entenderá que a felicidade almejada — e não encontrada nas fugas da realidade — é produto do equilíbrio interior e que somente dentro de si é que a encontrará.

Vemos como a multidão de seres passa a vida inteira na incessante busca de um amor que signifique felicidade. Procuram por toda parte e gastam tempo precioso e energia nas aquisições passageiras, na troca de parceiros ou nas aventuras menos dignas, refugiando-se várias vezes na vida tumultuada da saciedade dos prazeres.

Buscam em vão. Procuram sem encontrar.

Acontece que a felicidade não é um produto fabricado pelo homem, nem vendido nos bares da vida. A felicidade completa ainda não é própria dos mundos inferiores. Mas a procura por essa felicidade verdadeira começa e termina sempre dentro de cada um. Muita gente perde o seu tempo procurando a felicidade fora de si.

O espiritismo vem trazer ao homem o conhecimento das leis da vida e convidá-lo à busca da realização e da realidade íntima.

Se o mundo não oferece bases para a felicidade legítima, procura por ela dentro de ti, na superação das dificuldades íntimas, pelo esclarecimento de ti mesmo e pela dedicação à vida do próximo. Somente quando o homem aprender a amar sem exigir retorno é que ele será realmente feliz. Aquele que ama realiza-se na felicidade de amar.

Alguém diz: "Não sou feliz, ninguém me ama". Nós dizemos: "Ame-se e ame alguém sem trocas, sem esperar retorno, e a felicidade nascerá em teu coração, iluminando tua existência".

Só somos felizes à medida que amamos, e só amamos verdadeiramente à medida que libertamos esse amor dos limites estreitos de nossas vidas e abraçamos a vida alheia, obedecendo ao divino impulso da caridade.

43
Nossa parte

"Mas Jesus, tomando-o pela mão,
o ergueu, e ele se levantou."
Marcos 9:27

NÃO ESTÁS DE TODO IMPOSSIBILITADO. Não te encontras fadado à estagnação. O trabalho superior não está circunscrito ao corpo físico. E mesmo que tuas mãos ou teus pés fossem impedidos de ser funcionais, tens tua voz, teus olhos e ouvidos, tua inteligência, que poderão ser colocados a serviço do bem.

Ninguém está desvalido ou se encontra deficiente de possibilidades. O trabalho divino exige parceria, e parceria quer dizer trabalho conjunto. Essa condição é indispensável para que possa haver fraternidade.

Se fosses todo-suficiente, talvez teu orgulho falasse mais alto. Se pudesses, só, fazer tudo, outros não teriam o que realizar. A Providência sabiamente colocou cada um em seu lugar. Não estás deslocado. Não te encontras impossibilitado.

Olha em torno de ti e verás se multiplicarem as oportunidades de trabalho e serviço no bem. Algo podes realizar. E se não descobriste o que fazer com os recursos que a Divina Providência te conferiu, podes ainda amar, ser otimista e orar. O mundo precisa de oração, e o homem precisa de esperança.

Não deixes o tempo passar, pois, àquele que se apresenta para a tarefa superior, o tempo não permite lamentações. Anima-te e segue avante. Deus espera em ti.

Referências bibliográficas

BÍBLIA de referência Thompson. São Paulo: Vida, 1995. Tradução Corrigida de João Ferreira de Almeida.

KARDEC, Allan. *O Evangelho segundo o espiritismo*. Rio de Janeiro: FEB: 2005.

PINHEIRO, Robson. *Os espíritos em minha vida*. Contagem: Casa dos Espíritos, 2008.

CATÁLOGO | **CASA DOS ESPÍRITOS**

ROBSON PINHEIRO

PELO ESPÍRITO JÚLIO VERNE
2080 [obra em 2 volumes]

PELO ESPÍRITO ÂNGELO INÁCIO
Encontro com a vida
Crepúsculo dos deuses
O próximo minuto
Os viajores: agentes dos guardiões
Nova ordem mundial
COLEÇÃO SEGREDOS DE ARUANDA
Tambores de Angola
Aruanda
Antes que os tambores toquem
SÉRIE CRÔNICAS DA TERRA
O fim da escuridão
Os nephilins: a origem
O agênere
Os abduzidos
TRILOGIA O REINO DAS SOMBRAS
Legião: um olhar sobre o reino das sombras
Senhores da escuridão
A marca da besta
TRILOGIA OS FILHOS DA LUZ
Cidade dos espíritos
Os guardiões
Os imortais
SÉRIE A POLÍTICA DAS SOMBRAS
O partido: projeto criminoso de poder
A quadrilha: o Foro de São Paulo
O golpe

ORIENTADO PELO ESPÍRITO ÂNGELO INÁCIO
Faz parte do meu show
COLEÇÃO SEGREDOS DE ARUANDA
Corpo fechado (pelo espírito W. Voltz)

PELO ESPÍRITO TERESA DE CALCUTÁ
A força eterna do amor
Pelas ruas de Calcutá

PELO ESPÍRITO FRANKLIM
Canção da esperança

PELO ESPÍRITO PAI JOÃO DE ARUANDA
Sabedoria de preto-velho
Pai João
Negro
Magos negros

PELO ESPÍRITO ALEX ZARTHÚ
Gestação da Terra
Serenidade: uma terapia para a alma
Superando os desafios íntimos
Quietude

PELO ESPÍRITO ESTÊVÃO
Apocalipse: uma interpretação espírita das profecias
Mulheres do Evangelho

PELO ESPÍRITO EVERILDA BATISTA
Sob a luz do luar
Os dois lados do espelho

PELO ESPÍRITO JOSEPH GLEBER
Medicina da alma
Além da matéria
Consciência: em mediunidade, você precisa saber o que está fazendo
A alma da medicina

ORIENTADO PELOS ESPÍRITOS
JOSEPH GLEBER, ANDRÉ LUIZ E JOSÉ GROSSO
Energia: novas dimensões da bioenergética humana

COM LEONARDO MÖLLER
Os espíritos em minha vida: memórias
Desdobramento astral: teoria e prática

CITAÇÕES
100 frases escolhidas por Robson Pinheiro

MARCOS LEÃO PELO ESPÍRITO CALUNGA
Você com você

DENNIS PRAGER
Felicidade é um problema sério

**Quem enfrentará o mal
a fim de que a justiça prevaleça?
Os guardiões superiores
estão recrutando agentes.**

Colegiado de Guardiões da Humanidade
por Robson Pinheiro

Fundado pelo médium, terapeuta e escritor espírita Robson Pinheiro no ano de 2011, o Colegiado de Guardiões da Humanidade é uma iniciativa do espírito Jamar, guardião planetário.

Com grupos atuantes em mais de 14 países, o Colegiado é uma instituição sem fins lucrativos, de caráter humanitário e sem vínculo político ou religioso, cujo objetivo é formar agentes capazes de colaborar com os espíritos que zelam pela justiça em nível planetário, tendo em vista a reurbanização extrafísica por que passa a Terra.

Conheça o Colegiado de Guardiões da Humanidade. Se quer servir mais e melhor à justiça, venha estudar e se preparar conosco.

Paz, justiça e fraternidade
www.guardioesdahumanidade.org